星云法语

生活·读书·新知 三联书店

06

做人四原则
正见

星云大师 著

Copyright © 2015 by SDX Joint Publishing Company
All Rights Reserved.
本作品版权由生活·读书·新知三联书店所有。
未经许可,不得翻印。
本书由上海大觉文化传播有限公司独家授权出版中文简体字版。

图书在版编目(CIP)数据

做人四原则:正见/星云大师著.—北京:生活·读书·新知三联书店,2015.5
(星云法语)
ISBN 978-7-108-05238-4

Ⅰ.①做… Ⅱ.①星… Ⅲ.①佛教－人生哲学－通俗读物 Ⅳ.①B948-49

中国版本图书馆 CIP 数据核字(2015)第 022413 号

责任编辑	罗　康	
封面设计	储　平	
责任印制	卢　岳　张雅丽	
出版发行	生活·讀書·新知 三联书店	
	(北京市东城区美术馆东街 22 号)	
邮　编	100010	
印　刷	三河市嘉科万达彩色印刷有限公司	
版　次	2015 年 5 月北京第 1 版	
	2015 年 5 月北京第 1 次印刷	
开　本	880 毫米×1230 毫米　1/32　印张　7.75	
字　数	166 千字	
印　数	00,001—12,000 册	
定　价	28.00 元	

总序　十把钥匙

星云大师

《星云法语》是我在台湾电视公司、"中国电视公司"、"中华电视公司"三十年前的"三台时代",为这三家电视台所录像的节目。后来在《人间福报》我继《迷悟之间》专栏之后,把当初在三家讲述的内容,再加以增补整理,也整整以三年的时间,在《人间福报》平面媒体与读者见面。

因为我经年累月云水行脚,在各地的佛光会弘法、讲说,断断续续撰写《星云法语》,偶有重复,已不复完全记忆。好在我的书记室弟子们,如满义、满观、妙广、妙有、如超等俄而提醒我,《人间福报》的存稿快要告罄了,由于我每天都能撰写十几则,因此,只要给我三五天的时间,我就可以再供应他们二三个月了。

像这类的短文,是我应大家的需要在各大报纸、杂志上刊登,以及我为徒弟编印的一些讲义,累积的总数,已不下两千万字了。《星云法语》,应该说是与《迷悟之间》、《人间万事》同一性质的短文,都因《人间福报》而撰写。承蒙读者鼓励,不少人希望结集成书,香海文化将这些文章收录编辑,文字也有百余万字,共有十集,分别为:一、精进;二、正信;三、广学;四、智慧;五、自觉;六、正见;

七、真理;八、禅心;九、利他;十、慈悲。

　　这套书在《人间福报》发表的时候,每篇以四点、六点,甚至八点阐述各种意见,便于记忆,也便于讲说,有学校取之作为教材。尤其我的弟子、学生在各处弘法,用它作为讲义,都说是得心应手。

　　承蒙民视电视台也曾经邀我再比照法语的体裁,为他们多次录像,并且要给我酬劳。其实,只要有关弘法度众,我都乐于结缘,所以与台湾的四家无线电视台都有因缘关系。而究竟《星云法语》有多大的影响力,就非我所敢闻问了。

　　承蒙知名学者李家同教授、洪兰教授、台中胡志强市长,以及善女人赵辜怀箴居士,为此套书写序,一并在此致谢。

　　是为序。

于佛光山开山寮

推荐序一　宗教情怀满人间

李家同

星云大师的最新著作《星云法语》十册套书,香海文化把部分的文稿寄给我,邀我为序。8月溽暑期间,我自身事务有些忙碌;但读着文稿里星云大师的话,却能感觉到欢喜清凉。

《星云法语》里面有一篇我很喜欢,其中写道:"要有开阔包容的心胸、要有服务度生的悲愿、要有德学兼具的才华、要有涵养谦让的美德。"

多年来我从事教育工作,希望走出狭义的精英校园空间,真正帮忙各阶层弱势学生。看着莘莘学子,我想我和星云大师的想法很接近吧,就是教育一定要在每个角落中落实,要让最弱势的学生,能个个感受到不被忽略、不受到城乡资源差别待遇。

青年教育的目的,不就是教育工作者,希望能教养学生,成为气度恢弘的国民吗?

为勉励青年,星云大师写下"青年有强健的体魄,应该发心多做事,多学习,时时刻刻志在服务大众,念在普度众生,愿在普济社会"。

星云大师的话,让我想起《圣经》里的箴言:

"有了信心,又要加上德行;有了德行,又要加上知识;有了知识,又要加上节制;有了节制,又要加上忍耐;有了忍耐,又要加上虔敬;有了虔敬,又要加上爱弟兄的心;有了爱弟兄的心,又要加上爱众人的心。"(《圣经·彼得后书》)

宗教情怀,就是超越一切的普济精神。人间的苦难,如果宗教精神无以救济,那么信仰宗教毫无意义。不论是佛陀精神,或是基督精神,以慈爱的心处世,我想原则上没有什么不同。尤其是青年人,更应细细体会助人爱人的真谛,在未来起着社会中坚的作用。这样,我们现在办的教育,才真正能教养出"德学兼具"的青年,让良善能延续,社会上充满不汲汲于名利,助人爱人的和谐气氛。

香海文化出版的《星云法语》,收录了精彩法语共计1080篇,每一篇均意味深长,适合所有人用以省视自己,展望未来。"现代修行风"不分基督、佛陀,亲切的圣人教诲,相信普罗大众都很容易心领神会。

如今出版在即,特为之序。

(本文作者为台湾暨南大学教授)

推荐序二　安心与开心

洪　兰

在乱世,宗教是人心灵的慰藉,原有的社会制度瓦解了,一切都无法制、无规章,人民有冤无处伸,只有诉诸神明,归诸天意,以求得心理的平衡。所以在东晋南北朝时,宗教盛行,士大夫清谈,把希望寄托在另一个世界。历史证明那是不对的,这是一种逃避,它的结果是亡国。智者知道对现实的不满应该从改正不当措施做起,众志可以成城,人应该积极去面对生命而不是消极去寄望来生。星云大师就是一个积极入世的大师,他在海内外兴学,风尘仆仆到处弘法,用他的智慧来开导世人,他鼓励信徒从自身做起,莫以善小而不为,当每个人都变好时,这个社会自然就好了。这本书就是星云大师的话语集结成册,印出来嘉惠世人。

人在受挫折、有烦恼时,常自问:人生有什么意义,活着干什么?大师说,人生的意义在创造互惠共生的机会,这个世界有因你存在而与过去不同吗?科学家特别注重创造,就是因为创造是没有你就没有这个东西,没有莫扎特就没有莫扎特的音乐,没有毕加索就没有毕加索的画,创造比发现、发明的层次高了很多,人到这个世上就是要创造一个双赢的局面,不但为己,也要为人。英文谚语有一句：Success is when you add the value to yourself. Significance is when you add the value to others. 只有对别人也有利时，你的成功才是成功。所以大师说，生命在事业中，不在岁月上；在思想中，不在气息上；在感觉中，不在时间上；在内涵中，不在表相上。这是我所看到谈生命的意义最透彻的一句话。

挫折和灾难常被当作上天的惩罚，是命运的错误；其实挫折和灾难本来就是人生的一部分，不经过挫折我们不会珍惜平顺的日子，没有灾难不会珍惜生命。人是高级动物，是大自然中的一分子，不管怎么聪明、有智慧，还是必须遵行自然界的法则，所以有生必有死，完全没有例外。但是人常常参不透这个道理，历史上秦始皇、汉武帝这种雄才大略的人也看不到这点，所以为了求长生不老，倒行逆施，坏了国家的根基，反而是修身养性的读书人看穿了这点。宋代李清照说"今手泽如新，而墓木已拱……然有有必有无，有聚必有散，乃理之常。人亡弓，人得之，又胡足道"。看透这点，一个人的人生会不一样，既然带不走，就不必去收集，应该想办法去用有限的生命去作出无限的功业。

一个入世的宗教，它给予人希望，知道从自身做起，不去计较别人做了什么，只要去做，世界就会改变。最近有法师用整理回收物的方式带信徒修行，他不要信徒捐献金钱，但要他们捐献时间去回收站做义工，从行动中修行。我看了这个报道真是非常高兴，因为研究者发现动作会引发大脑中多巴胺（dopamine）这个神经传导物质的分泌，而多巴胺跟正向情绪有关，运动完的人心情都很好，一个跳舞的人即使在初跳时，脸是板着的，跳到最后脸一定是笑的。所以星云大师劝信徒，从动手实做中去修行是最有效的修行，对自己对社会都有益。

在本书中，大师说生活要求安心，心安才能体会人生的美妙，才听得到鸟语，闻得到花香，所以修行第一要做到心安，既然人是群居的动物，必须要和别人往来，因此大师教导我们做人的道理，列举了人生必备的10把钥匙，书的最后两册是要大家打开心胸，利他与慈悲，与一句英谚 You can give without loving, you can never love without giving 相呼应。不论古今中外，智者都看到施比受更有福。

希望这套书能在目前的社会中为大家浮躁的心灵注入一股清泉，人生只要心安，利人利己地过生活，在家出家都一样在积功德了。

（本文作者为台湾阳明大学神经科学研究所教授）

推荐序三　法钥匙神奇的佛

胡志强

星云大师,是我一直非常尊敬与佩服的长者。

长久以来,星云大师所领导主持的佛光山寺与国际佛光会,闻声救苦,无远弗届,为全球华人带来无尽的希望与爱。

大师的慈悲智慧与宗教情怀,让许多人在彷徨无依时,找到心灵的依归。另一方面,我觉得大师潇洒豁达、博学多闻,无论是或不是佛教徒,都能从他的思想与观念上,获得启迪。

星云大师近期出版的《星云法语》,收录了大师1080篇的法语,字字珠玑,篇篇隽永。

我很喜欢这套书以"现代佛法修行风"为诉求,结合佛法与现代人的生活,深入浅出地阐释。尤其富有创意的是,以十册"法语"打造了十把"佛法钥匙",打开读者心灵的大门,带领我们从不一样的角度,去发现与体会生活中的点点滴滴。

以《旅游的意义》这篇文章为例:

"……就像到美国玩过,美国即在我心里;到过欧洲度假,欧洲也在我心里,游历的地区愈丰富,就愈能开阔我们的心灵视野。

当我们从事旅游活动时,除了得到身心的纾解,心情的愉悦之外,还要进一步获得宝贵的知识。除了外在的景点外,还可以增加一些内涵,作一趟历史文化探索之旅,看出文化的价值,看出历史的意义。

比方这个建筑是三千年前,它历经什么样的朝代,对这些历史文化能进一步赏析后,那我们的生命就跟它连接了。"

"我们的生命就跟它连接了"这句话,让我印象十分深刻,生动描述了"读万卷书,行万里路",正是一种跨越时空的心灵宴飨。

在《快乐的生活》一文中,大师指点迷津。他说:"名和利,得者怕失落,失者勤追求,真是心上一块石头,患得患失,耿耿于怀,生活怎么能自在?"

因此"身心要能健康,名利要能放下,是非要能明白,人我要能融和"。

在《欢喜满人间》这篇文章中,大师指出:人有很多心理的毛病,例如忧愁、悲苦、伤心、失意等。佛经形容人身难得如"盲龟浮木",一个人在世间上一年一年地过去,如果活得不欢喜,没有意义,那又有什么意思?如何过得欢喜、过得有意义?

他提出几点建议:"要本着欢喜心做事,要本着欢喜心做人,要本着欢喜心处境,要本着欢喜心用心,要本着欢喜心利世,要本着欢喜心修行。"

看到此处,我除了一边检视自己在日常生活中做到了多少?另一方面,也希望把"欢喜心"的观念告诉市府同仁,期许大家在服务市民时认真尽责之外,还能让民众体会到我们由衷而发的"欢喜心"。

而《传家之宝》一篇中所提到的观点,也让为人父母者心有戚戚焉。

大师说：一般父母，总想留下房屋田产、金银财富、奇珍宝物给子女，当作是传家之宝；但是也有人不留财物，而留书籍给予子女，或是著作"家法""庭训"，作为家风相传的依据。乃至禅门也有谓"衣钵相传"，以传衣钵，作为丛林师徒道风相传的象征。

他认为"传家之宝"有几种：包括宝物、道德、善念与信仰。到了现代，书香、善念、道德、信仰更可以代替钱财的传承，把宗教信仰传承给子弟，把善念道德传给儿孙，把教育知识传给后代。

"人不能没有信仰，没有信仰，心中就没有力量。信仰宗教，如天主教、基督教、佛教等，固然可以选择，但信仰也不一定指宗教而已，像政治上，你欢喜哪一个党、哪一个派、哪一种主义，这也是一种信仰；甚至在学校念书，选择哪一门功课，只要对它欢喜，这就是一种信仰。有信仰，就有力量，有信仰，就会投入。能选择一个好的宗教、好的信仰，有益身心，开发正确的观念，就可以传家。"

细细咀嚼之后，意味深长，心领神会。

星云大师一千多篇好文章，深刻而耐人寻味，我在此只能举出其中几个例子。很感谢大师慷慨分享他的智慧结晶，让芸芸众生也有幸获得他的"传家之宝"。

在繁忙的生活中，每天只要阅读几篇，顿时情绪稳定、思考清明、心灵澄静。有这样的好书为伴，真的"日日是好日"！

（本文作者为台中市市长）

推荐序四　人生的智慧和导航

赵辜怀箴

我一直感恩自己能有这个福报,多年来能跟随在大师的身边,学习做人和学习佛法。每一次留在大师身边的日子里,都可以接触到许多感动的心,和感动的事;每一次都会让我感觉到,这个世界真的是非常的可爱。

大师说:他的一生就是为了佛教。这么多年来,大师就这样循循地督促着自己,为此,马不停蹄地一直在和时间做竞跑。大师的一生,一向禀持着一个慈悲布施、以无为有的胸怀,做大的人,做大的事。如果想要问大师会不会和我们一样斤斤计较?我想他唯一真正认真计较的事,就是,对每一天的每一分和每一秒吧!

在大师的一生里,大师从来不允许自己浪费任何一分一秒的时间;无论是在跑香、乘车、开会、会客或者进餐;大师永远都是人在动,心在想,手在做,眼观六路,耳听八方,把1分钟当10分钟用;在高效率中不失细腻,细腻中不失大局,大局中不失周全;周全里,充满了的是大师对每一个人无微不至的关怀和体贴。

大师自从出家以来,只要是为了弘法,大师从来不会顾及自己的健康和辛苦,数十年如一日,南奔北走,不辞辛劳地到处为信徒开示演讲;只要有多余的时间,大师就会争取用来执笔写稿;年轻时也曾经为了答应送一篇文稿给出版社,连夜乘坐火车,由南到北。大师从年轻时就非常重视文化事业,大师也坚信用文字来度众生的重要。大师一生一诺千金,独具宏观,不畏辛苦,忍辱负重,在佛教界树立了优良的榜样,对现代佛教文化事业得以如此的发达,具有相当肯定的影响力。到目前为止,大师出版的中英文书籍,已经不下数百本。

记得在20世纪60年代的时候,大师鉴于电视弘法不可忽视的力量,即刻决定要自己出资,到电视公司录制作晚上8点档的《星云法语》,使其成为台湾第一个在电视弘法的节目。我记得大师的《星云法语》是在每天晚间新闻之后立即播出,播出的时间是5分钟,节目的制作,既"精"又"简"。节目当中,配合着简单明了的字幕,听大师不急不缓地娓娓道来,让观众耳目一新,身心受益。

这个节目播出之后,立即受到广大观众的喜爱和回响。大师告诉我,在节目播出之后不久,由于收视率很好,电视公司自动愿意出资,替大师制作节目;大师从此不但有了收入,也因此多了一个电视名主持人的头衔。这个《星云法语》的电视节目,也就是今天所出版的《星云法语》的前身。

佛光山香海文化公司精心收录的《星云法语》即将出版。这一条佛法的清流,是多年来星云大师为了这个时代人心灵的需求,集思巧妙地运用生活的佛教方式,传授给我们无边的法宝。每一篇,每一个法语,星云大师都透过对细微生活之间的体认,融合了大师在佛法上精深的修行智慧。深入浅出地诠释,高明地把佛法当中的精要,很自然地交织在生活的细致之间,用生活的话,明白地说出现代佛法的修行风范,让读者有如沐浴在法语春风之中的感觉,很自然地呼吸着森林里散发出来的清香,在每一个心田里默默地深耕着。等待成长和收割的喜悦,沐浴着太阳和风,是指日可待的。

今承蒙香海文化公司的垂爱,赐我机会为《星云法语》套书做序,让我实在汗颜;几经推辞,又因香海文化公司的盛情难却,只有大胆承担,还请各位前辈、先学指正。我在此恭祝所有《星云法语》的读者,法喜充满。

(本文作者为国际佛光会世界总会理事)

目 录

卷一　四法最上

四法最上 / 3

四心（一）/ 6

四心（二）/ 8

坚固四心 / 10

人之四心 / 12

生活四心 / 14

四心妙用 / 16

四心良药 / 18

心的四要 / 20

四不与四有 / 22

四思之益 / 24

四种学习 / 26

四种病 / 28

四多之病 / 30

四种无益 / 32

四种涵养 / 34

四种危机 / 36

四种不可（一）/ 38

四种不可（二）/ 40

四种饮食 / 42

四种适意 / 44

四种寿命 / 46

四种善用 / 48

四种恶行 / 50

四种教化 / 52

四种话不取 / 54

四种第一法 / 56

四种怨亲 / 58

001

四种人 / 60　　　　　　　四等人 / 66

四种人不用 / 62　　　　　四病致失 / 68

四不可 / 64

卷二　为人四要

为人四要 / 73　　　　　　四不长久 / 105

待人四不 / 75　　　　　　四不非礼 / 107

待人四要 / 77　　　　　　生命四依 / 109

做人四原则 / 79　　　　　处世四不可 / 111

做人四不可 / 81　　　　　四有的深意 / 113

做人四要（一）/ 83　　　四事不可靠 / 115

做人四要（二）/ 85　　　行为四戒 / 117

做人四则 / 87　　　　　　四等资质 / 119

最怕四事 / 89　　　　　　求法四想 / 121

涉身四难 / 91　　　　　　进德四莫 / 123

为人四不 / 93　　　　　　律己四要 / 125

念佛四利 / 95　　　　　　为学四要 / 127

四恩总报 / 97　　　　　　四重之要 / 129

人体四大 / 99　　　　　　修身四法 / 131

四知应学 / 101　　　　　"好"之四弊 / 133

人当四思 / 103

卷三　人生四要

人生四要（一）/ 137　　　人生四要（二）/ 139

人生四品 / 141
人生四钥 / 143
人生四理 / 145
人生四宝 / 147
人生四不 / 149
人生四败 / 151
人生四谛 / 153
人生四时 / 155
人生四得 / 157
人生四乐 / 159
人生四可惜 / 161

人生四勿 / 163
交谊四勿 / 165
夫妻四要 / 167
四等婆媳 / 169
对机四法 / 171
君子四不 / 173
君子四真 / 175
君子四心 / 177
四艺与人生 / 179
信仰四不 / 181

卷四　处众四法

处众四法 / 185
处事四戒 / 187
处事四智 / 189
国政四要 / 191
吸毒四害 / 193
胆怯四害 / 195
读书四要与四忌 / 197
待人四法 / 199
吸收四不 / 201
企业家的四业 / 203
领导的四要 / 205

领导者四事 / 207
毕业四是 / 209
做人四不可 / 211
执政者四如 / 213
法官四要 / 215
主管四要 / 217
主管四不 / 219
主管四莫 / 221
读书四法 / 223
沟通四要 / 225

卷一 | 四法最上

佛法僧三宝,以法为尊;
法之所在,最为尊贵。
佛法是宇宙人生的真理,
是帮助我们解脱自在的慈航。

四法最上

《阿含经》是佛教传说最早的经典,也是原始佛教的重要思想依据,里面充满了人间佛教的教义与精神。《阿含经》共分四部,分别是《长阿含经》《中阿含经》《增一阿含经》《杂阿含经》。在《长阿含经》里有一段经文说"四法至上",意思是有四种佛法,对于我们的生活至为重要。

所谓"四法最上",有四点说明:

第一,布施者得福

谈到布施,一般人的观念总认为布施是给人,其实布施最大的受惠者是自己。布施如播种,日后必有收成。布施是世间最有保障的投资,不管财施、法施、无畏施,布施就能得到福报,所以又称为"种福田"。佛教有谓"八福田中,看病第一福田",又说"心田事不同,果报分胜劣",其实不管是圣贤、父母、贫病,只要诚心布施,都是无上的福田。布施表示自己富有,一个人如果天天仰赖别人,接受别人的布施,表示自己贫穷、不足,所以人要欢喜布施,越是喜舍布施,就越有福报。

第二,慈心者无怨

佛教以慈悲为本,所以又称为慈悲之教。慈悲之心是一切万物所以生生不息的泉源,慈悲是人性光辉的流露,慈悲如良药,可以医治嗔恚之病,人与人之间所以纷争不断,国与国之间所以战祸连年,都是起于嗔心。一念的慈悲,可以化除嗔恨,如果我们待人接物、讲话行事,都能存着一颗慈悲之心,不但不会树敌,自己也会心甘情愿,无怨无尤,因为"一人慈悲,众皆伴侣;万人慈悲,法界一如"。

第三,为善者销恶

佛经云"凡夫众生,举心动念,无非是业"。业有善业、恶业、无记业,凡人一旦造下善恶业因,必然招感相应的善恶果报,所以说:已种恶因,分受其报,不能以做好事来抵销应得的恶报。但是佛教有一个了不起的法门,就是通过忏悔行善,多聚善缘,可以使恶报由重转轻;或者让善缘增多,善力加强,可令善果快速成熟,使恶缘的力量逐渐减弱。譬如一杯盐水,如果多添加善因的淡水,就可以冲淡恶果的咸味。又如一田秧苗,只要不断地施肥灌溉,当秧苗长大茁壮,底下纵有一些稗草,也起不了作用。所以有了罪业不可怕,重要的是多做善事功德;有了善因善缘,一样可以消融恶业。

第四,离欲者无恼

世间的人每天种种营求,都是为了追求五欲六尘之乐。但是欲壑难填,欲望永远没有满足的一天,所以欲望愈多,烦恼也愈多。甚至有时在追求欲乐的同时,已经造下了罪业的苦果,因此,世间的五欲之乐,只能说是一半乐,一半苦,苦乐参半,因为"欲乐"有污染性、有短暂性、有不确定性。自古以来圣贤都教诫大家不可以纵欲,佛教虽然不完全要人禁欲,但是欲需要疏导,欲海波澜,需要导之以正,所以应该追求"善法欲",远离"污染欲"。当我们离开不当的污染欲,也就等于远离了烦恼束缚,那是何等的解脱自在呢?

佛法僧三宝,以法为尊;法之所在,最为尊贵。佛法是宇宙人生的真理,是帮助我们解脱自在的慈航,所谓"自依止,法依止,莫异依止"。所以,《长阿含经》的"四法最上",可以作为我们生活的圭臬。

四心(一)

心,竖穷三际,横遍十方。心之妙用无穷,我们的心可以记忆,可以想象,可以感受,可以思考,举凡一切理解、分辨、醒悟,都要靠心。人心海底针,有时连自己也摸不清,一下子欢喜,忽然又变得哀伤,今天大发慈悲,明天可能又吝啬算计。心念如何影响我们呢?

第一,疑心,会破坏感情

俗话说人心隔肚皮,知人知面不知心。许多人因为不敢信任他人,疑神疑鬼,所以好朋友成仇人,至亲骨肉变冤家,善意被扭曲成假惺惺,帮助被嗤为设圈套,赞美也被理解成讽刺。当疑心作怪时,要用真诚来破除。过去萧王刘秀对投降的敌人,如自家人般地推心置腹,让所有兵将都愿意为他卖力,最后终于成为开国之君。

第二,信心,能凝聚共识

没有信心的人,遇到事情常常胆怯畏缩;连自己都没有把握,当然也没有人肯依附、跟进。有信心就有力量,有信心就会充满希望,即使遭遇逆境困难,也会激发潜能,勇往直前。例如战国时代,齐国的田单复国、越王的卧薪尝胆,都是因为领导者有信心,所以能凝聚大家的共识,齐心努力,共同成就大业。

第三,嗔心,会瓦解人性

一个嗔恨心重的人,容易迁怒他人,稍有不如意,就和别人起冲突。比如有的人由于爱情不如意,妒火中烧,竟杀害自己曾经深爱的人。嗔恚就像烈火一样,小则灼伤自己,大则毁灭整个世界,把过去种种的功绩,焚毁殆尽。嗔心可以用慈悲心来对治,有了慈悲心,会爱人如己,不仅爱人、爱动物,也会爱世间的一切。

第四,爱心,能营造和平

爱心是一种守护万物的心,儒家说:"老吾老以及人之老,幼吾幼以及人之幼。"家庭里有爱,就能多一点体贴、温暖;邻里间有爱,就能多一点支援、关心;各种族之间有爱,就能多一点往来;国际之间多一点爱心,就能少一点冲突,和平共处。

心是行为的领导,是生活的指挥。恶心会破坏一切,泯灭善良,善心能添增世间无限的芬芳,心存好心,则所做的都是善事,所讲的也是好话。

四心(二)

每一个人,只有一个心,可是一个心,却能够依不同的环境产生很多不同的"心",譬如有好心、坏心、善心、恶心、真心、假心等,当每个人面对个人、父母、社会、国家、人间及世界时,我们要以何种心来自处?以下提供四点参考:

第一,真心献给国家

国家是孕育人民的地方,每一个人都有属于他自己的国家,没有国家的人民,犹如失根的兰花;宋朝画家郑思肖画兰,连根带叶均飘于空中,比喻"国土沦亡,无所依附"。所谓"没有国,哪有家",所以,人人应以真心捍卫国家,以真心奉献国家。

第二,孝心奉给父母

父母无私无悔,含辛茹苦抚养子女,从不求回报。《佛说父母恩重难报经》说:"父母恩德,无量无边,不孝之愆,卒难陈报"。说明父母之恩,浩瀚崇高。如何孝顺父母,孝经说:"孝者有三,上者尊亲,其次弗辱,其下能养。"所以古代二十四孝中,老莱子戏彩娱亲;朱寿昌弃官寻母,都是事亲至孝的最佳写照。

第三，慈心传给社会

老师传授知识给学生,技师传授技艺给学徒,而每个人应将慈悲心传给社会,因为慈悲心,能化干戈为玉帛,消除怨怼于无形;慈悲心,能将逆境转为善缘,成就事业普利众生。所以慈悲心是家庭幸福美满的动力,是社会安和乐利的基石,是国家繁荣进步的要素,是宇宙生生不息的泉源。

第四，信心留给自己

信心是进取的力量,自卑是人生最大的跨栏,是走向成功的绊脚石。拥有信心才能释放自己的力量。所以有自信心的人胆大英勇、坦诚开朗、乐观豁达、谦虚热情;有信心的人热爱生活、无所畏惧、快乐积极。美国人约翰·富勒出身贫寒,却有"虽然我不能成为富人的后代,但我可以成为富人的祖先"的信心,12年后成为大企业家。所以自己要搭乘信心之船,才能乘风破浪,抵达彼岸。

"心"是我们的主人,心能生出万法,我们必须将这四种不同的心,依各种不同的场合加以应用,发挥它的功能,带动大家的参与,如此才是世间之福。

坚固四心

俗话说:"天下无难事,只怕有心人。"一个人学习任何事情,无论是学业还是事业,甚至是修行的道业,要有所成就,都必须有"心"。如政治领袖,拥有胸怀天下、民胞物与的心;认真学业的人,怀有奋发勤勉、广学多闻的心;成就菩萨道的人,大慈大悲,抱持救度众生的心。心有很多,以下提出坚固四心:

第一,信仰要有真心

信仰的美,在于能开发心地,将心中的财宝发掘出来。真心学佛、有信仰的人,他的身口意,全都皈敬三宝,他会效法普贤菩萨,用身体去实践佛法;效法富楼那尊者,不畏蛮凶,说法度众。如果我们在行住坐卧当中,念念都与佛相应,处处不离佛心,就是有真心的信仰了。

第二,求法要有耐心

一个修道人,要养成逆来顺受的胸襟,凡事都以心甘情愿的态度去接受。信仰如靠山,求法如爬山,总要历经一番煎熬与磨炼,方能学有所成,所以要有耐心。如过去的浮山远禅师、汾阳禅师为求佛法,不远千里寻访名师,他们不惧呵斥驱逐,不畏艰难挫折,终于成为一代禅师。

第三，修道要有恒心

修道需要实际的体验，日修月修年年修，朝夕惕厉不变心，才是有恒心的修道。现代人往往不耐烦、无恒长心，过去南泉普愿禅师30年不下南泉、无门慧忠国师40年不离党子谷，庐山慧远大师终生不过虎溪，他们都是修道者的楷模。菩萨不也是经过三大阿僧祇劫，才能成佛吗？所以修道要有恒心，才能成就。

第四，护法要有热心

护教、护法与弘法同等重要，护法要有热忱，甚至能为信仰、为真理、为佛教而牺牲奉献。近代的章太炎、吕澄、蒋维乔等佛教学者，致力佛学之钻研；孙张清扬居士护持佛教、三宝不遗余力，抢救僧伽于囹圄之中，则是台湾佛教开拓初期的护法功臣。

"置心一处，无事不办"，不论做事或修行，真心、耐心、恒心、热心，都是不可缺少的。

人之四心

每个人都有一颗心,不过这一颗心如果没有照顾好,就会变化出许多不好的心来,诸如妄想心、无明心、嗔恨心、嫉妒心,乃至消极、颓唐、悲观、失望的心。佛教说,心如工画师,能画种种画;心能变坏,也能变好。所以"人之四心",有慈悲心、智慧心、明理心,也有贪嗔之心。说明如下:

第一,慈悲是恻隐之心

你有慈悲心吗?一个人,可以什么都没有,但不能没有慈悲心。有的人,钱财没有了,房屋被人侵占了,值钱的东西也都给人偷走了。但是只要你有一颗慈悲心,这是别人偷不去的。慈悲之心就是恻隐之心,就是关怀别人、悲怜众生的心。所谓"老吾老以及人之老,幼吾幼以及人之幼",这就是慈悲之心;见到别人生老病死,能有一种感同身受的心,这么一念慈悲的恻隐之心,就能与天理契合。

第二,明理是辨别之心

你有明理心吗?你明什么理呢?最要紧的先要明白善恶之道。什么是善?什么是恶?凡是于人有利的,就是善行;凡是对人有损的,就是恶行。平常我们偶尔会做一些损人又不利己的事,这就是恶行;如果损己而能有利于人,这就是最好的善行。你能明白善恶、明辨是非,就是明理;善恶不分,理路不清,就是无明,就不是一个健全的人。

第三,愚痴是贪嗔之心

你有愚痴心吗?愚痴心就是邪知邪见,就是贪欲嗔恨,就是对人没有礼貌,所以说是"无明"。无明的人,遇事不明原因,只怪结果,那就是愚痴了。

第四,智慧是善美之心

你有智慧心吗?有智慧的人,就能明白是非好坏,就能懂得评断善恶,就会知道如何取舍,这就是智慧。有智慧才能透彻宇宙真相,才能知苦灭苦,才能观空自在。

心如工厂,好的心制造好的产品,不好的心,只会制造污染源。人的心很多,如果人人都能把心调整一下,把不好的心改成善美的心,并且都能明白自己的心,掌握自己的心,便能做自己的主人。所以我们对于人之四种心,要能了解、认识、明白、辨别,那我们就能知道自己的人生该何去何从了。

生活四心

心,有污染心、清净心;分别心、平等心;愚迷心、觉知心。心,还可分为虚妄心与真如心。虚妄的心就是污染心、分别心、颠倒心;真如心就是慈、悲、喜、舍四无量心。四无量心,能产生一切福德智慧,能利益安乐无量众生。在我们的日常生活中,如何以四无量心作为立身处事的根本呢?有四点意见:

第一,处事要有慈心

待人处事要本着一颗仁慈的心,仁慈的心就是给人欢喜、给人安乐的心,而且是能体谅他人、肯为别人服务的心。有了慈心,在处事时,就能退让包容,对别人不利之事,就不会放任而行。《大学》说"止于至善",就是要我们以仁慈之心利益众生,使众生得到欢乐;以纯善之心乐于公益,让众生得到帮助。

第二,助人要有悲心

人要有悲天悯人的心,悲心,就是帮助别人离苦得乐的心,就是像观世音菩萨救苦救难的心。帮助别人时,有悲心才能不在乎个人的利害得失,才能全心全力为众生去除困难;对于世间一切痛苦,才能没有贵贱怨亲的分别,而以平等之心施以救济,就如太阳,不求回馈而无私地普照世间。所以,助人时要怀着悲心,才能无私地救助他人。

第三,做事要有喜心

你每天工作有欢喜心吗?还是心不甘、情不愿,一点也不快乐?做事时,"心甘情愿"才会让自己快乐;满心欢喜地去待人处事,才能让人感到真诚。做事不欢喜,就会容易感到疲累与辛苦,你带着欢喜心,别人也会因你的欢喜而感到快乐,如此事情做得再多也不觉得累。如驼标比丘,30年的岁月以欢喜心为人提灯笼照路,迎送挂单的人,而让自己与他人都得到了利益。

第四,修行要有舍心

你想要修行吗?你想要修身养性吗?修行与修身都要有舍心。舍心就是要能放得下,要能看得开,要能不计较,不自我执着;修身就是要舍弃不良的嗜好、舍弃不善的行为。语云:"舍才能得",如果你能经常主动地给人一个微笑、主动地去帮助别人,相信必能获得更多的善意响应。

慈悲喜舍"四无量心"是菩萨普度众生所应具备的四种精神,也是每个人生活中都应该具备的四种心。

四心妙用

四心,就是四无量心,也就是慈心、悲心、喜心、舍心。修习四无量心能够改善人际关系,至于如何在生活中发挥"四心的妙用",有四点意见提供参考:

第一,慈心能降伏一切恶霸

《出曜经》说:"不可怨以怨,终已得休息。"当我们遇到一些蛮横不讲理的恶霸时,如果同样以怒目相向、以拳头棍棒回击的话,只会造成两败俱伤,而且结怨结仇。反之,柔能克刚,面对恶势力时,如果你能生起宽恕他、同情他的慈心,就有降伏他的力量。如印度波罗奈国有位忍辱仙人,因迦叶王怀疑他不清净,截去他的手足与耳鼻,仙人当下发起慈悲心,愿成佛后首先度化迦叶王,终于感得迦叶王生起忏悔之心,并且发心供养他。所以,以慈心就能降伏一切恶霸。

第二,悲心能远离一切邪恶

如果遇到了邪恶的人、邪恶的事,我们要有悲悯的心,才能远离邪恶,甚至化邪恶为善美。为什么呢?佛门中的怒目金刚,就是以悲悯之心,现怒目之相来卫护佛教,让邪魔不敢猖狂。印度的阿育王,威勇善战,所战皆捷,但生性残忍好杀,后来他信奉佛教后,一改往昔的暴戾,兴慈悲,施仁政,因而德风远播。其他如佛陀的弟子舍利弗、富楼那,都是以悲心投身蛮地,化导愚迷,折服外道,所以,有了悲心就能让邪恶远离。

第三,喜心能善愿所求如意

社会上有些人喜欢幸灾乐祸,看到自己讨厌的人受难,心中就暗自欢喜;反之,看到别人有所成就,便心生嫉妒。但具有"喜心"的人,只要看到他人努力有成,不管冤亲,都会生起欢喜之心。这样的人,只要有人找他帮忙,他一定满心欢喜地全力以赴,当别人有所成就时,他也会同感荣耀。即使自己没有名利地位,他也不失欢喜之心;纵使自己贫无立锥之地,还是甘之如饴。因为他能常保欢喜之心,即使遇到困难,也能欢喜克服,所以能善愿所求如意。

第四,舍心能获得自在解脱

舍是舍掉自己的分别与执着,舍是舍掉自己的贪爱与束缚;舍就是将欢喜给人、将希望给人,甚至自己最喜欢的东西,都能舍得给人,如此就能克制贪欲,得到自在解脱了。就如金碧峰禅师,舍去了对玉钵的贪爱,才能免遭无常鬼的追捕。所以,能舍的人,才能获得自在解脱。

《华严经》云:"常行柔和忍辱法,安住慈悲喜舍中。"慈悲喜舍是我们依止安住的所在。

四心良药

人心有善有恶、有好有坏,甚至忧悲苦恼、欢喜快乐,都是由心生起。人常常因一念心中善恶交织、忧喜参半,甚至处在"天人交战""自我拔河"的状态而苦不堪言。不过,人心虽然有时会起恶造罪,所谓"披毛戴角因它起",但是"成佛作祖也由它"。所以,人只要善于治心,把心调适好,有时它也是治疗人生之病的良药。

举出"四心良药"说明如下:

第一,用菩提心对治烦恼

人因为无明而烦恼,烦恼是人生的大敌,经常扰乱我们的心,让我们不得安宁。学佛就是要降伏烦恼魔军,所谓"转烦恼为菩提"。菩提就是正知、正觉,只要发起正觉的菩提之心,让贪嗔愚痴无所遁形,烦恼就无由生起。所以,用正知、正见、正觉的菩提心,可以对治烦恼,让我们的人生更美好。

第二,用宽恕心包容异己

世间最具有毁灭性的力量是什么?就是仇恨。仇恨是由于不懂得宽恕而来。我们对于不同思想、不同性格、不同作风,甚至跟我们唱反调的人,如何相处?跟他打架吗?跟他斗争吗?那太辛苦了。唯有用宽恕的心去包容不同于我的人；包容他，就不会产生敌对，就能消除仇恨、怨怼。所以，用宽恕的心包容异己，世界才能和平。

第三，用勇猛心克服困难

困难是成功的试金石，做事能坚持到底，并且努力克服困难的人，就是成功；反之，被困难击倒，就是失败。如何突破困难？要有勇猛精进的心。所谓"勇猛心"，就是有向困难挑战的信心与毅力，不会因为小小的困难就退缩、气馁，甚至轻言放弃。

在人生的路上，来自人情的、社会的、自然的，甚至自我加诸自己的困难，不断纷至沓来，如果我们没有坚强的信心与毅力，很容易就被困难所击败，所以要用勇猛心来克服困难，才能成功有望。

第四，用知足心惜福结缘

人生最大的快乐，就是"知足"。所谓"知足常乐"，知足的人，虽卧地上也如天堂；不知足的人，虽在天堂犹如地狱。人生懂得知足很重要，一个知足的人，必常心存感恩，他感谢社会大众给我的帮助、利益、好处，因此知道要惜福惜缘，同时也要奉献、回馈社会；如此广结善缘，自己会更有人缘。所以，用知足之心惜福结缘的人，会让自己更富有。

人的身行、口言，都是由心念所主宰，心的一念，可以让我们上天入地，甚至在十法界里来回游走，所以二六时中，要善护心念，让自己常存菩提、宽恕、勇猛、知足之心，成为疗病之良方。

心的四要

我们的身体每日要活动,甚至嘴要吃、眼要看、耳要听、鼻要呼吸、舌要尝味等;五根正常运作,身体才会健康,生活才会正常。此外,我们的心要清明、心要自在、心要慈善、心要柔软,才是健康的人生。如何达到"心的四要"?有四点:

第一,心要自在,就要无私

人生最重要的是生活要自在,心灵要自由,精神要解脱;我们的心如果不自在,就像被人捆绑、束缚了,就像被拘押、囚禁了,很不自在。所以,人要活得快乐,就是要自在。观世音菩萨有一个名字叫"观自在",因为他观人自在、观事自在、观心自在,故能自在;一般凡夫常常喊"苦啊、苦啊",就是不自在。

怎样才能自在呢?先要无私。一个人所以不自在,都是由于私心太重,只顾个人,不管别人,自然不得自在;没有私心,才能自在。

第二,心要清明,就要无欲

空气清新,呼吸才能舒畅,灯光明亮,精神才能振奋;一个人的心要清明,人格才能高尚。心要如何才能清净光明?先要无欲。

欲望就等于尘埃,明镜蒙尘,就不能照物;心被物欲所覆,就不能清澈明亮,就看不到自己的本来面目,就会迷失自己。所以,人要保有一颗清明的心,首先要能无欲。

第三,心要慈善,就要利他

做人心地善良,不为非作歹、于人有害,自然不会招灾惹祸,前途才会平安、顺利。因此,慈悲、厚道的人,虽然有时看似被人欺负,但从因果法则来看,终究不会吃亏。人要如何培养慈悲善良的心?要有利他的精神,不但别人有难时,主动给予协助,帮人解危脱困,甚至凡有所做,都能想到利益别人。一个心中有人、乐于助人的人,必是慈悲的善心人士。

第四,心要柔软,就要感恩

佛教里有一种"禅坐"的修行法门,禅坐是一种心地功夫,除了腿子要软,性情也要软,心地更要柔软。一个心地柔软的人,凡事容易感动,别人有恩于他,固然感恩,别人伤害了他,他也能慈悲包容,不起怨恨、嗔心。所以,心地柔软的人,就像海绵容易吸水,自然不会枯竭。

我们的心,要像过滤器,好的、善的、美的、真的事要记在心里;恶的、劣的、丑的、假的事,要过滤掉。时时保持一颗清净、善良且有弹性的心;因有弹性,待人处事自然会柔软而不会伤人。

四不与四有

人生要有什么,不要有什么?佛教的五戒约束我们,不要乱杀、不要乱取、不要乱淫、不要乱说、不要乱吃,因为有五戒的"不",就会"有"所得,例如不乱杀生就能长寿,不乱取就会得到法财,不乱淫就能家和,不乱说就有好名誉,不乱吃身体就能健康。此外,另有"四不与四有":

第一,遇事不惑有智

遇到事情,有明鉴之识,能洞察时事的变化,预知祸福休咎的洞察力,就是有智慧。像东汉光武帝刘秀,当初自己的亲兄长被杀,若不是因隐忍不惑,得到刘玄帝的信任,怎能兴汉,继而以柔道得天下呢?所以我们在面临纷杂之事时,不能慌乱、迷惑,要用智慧去处理。

第二,犯难不避有节

当一个人在穷途末路、艰难困苦的时候,"居乱世能生死不改其守者",犹如烈女不嫁二夫,忠臣不事二主,都是坚强的意志力在支撑着。像文天祥忠于南宋,虽为元军所俘,多番劝降,百般折磨,又被长期囚禁于潮湿阴暗的囚牢里,他只求速死而不屈,其从容就义的精神,为人间留下浩然的正气。这种危难之中不逃避的节操,受到后人无限的景仰。

第三,临财不私有廉

东汉时期的杨震,是明经博览的经学家,曾被誉为"关西孔子",他虽曾做过朝廷显赫的太尉官职,但始终过着俭朴的生活。有一天,受他举荐任仕的学生王密前来拜见,临走前留下黄金十斤,杨震说:"你知道我的为人,怎还这么做?"王密说:"晚上没有人会知道的。"杨震说:"天知、地知、我知、你知,何谓无知!"王密听了之后,只得惭愧地离开了。一个人面临这种状况,能没有私心,不想私取,不想侵吞,就是有廉洁的人格了。

第四,应付不疑有辩

我们在社会上立身处事,难免会遇上艰难的事情,更有甚者,会面临性命攸关之际,此时若能以禅定摄心,不慌不乱,不疑不惑地坚定立场,自能胸有成竹地化干戈为玉帛。好比蔺相如赴秦时,即是对自己的立场、言语有信心,展现无碍辩才,终能完璧归赵。

四思之益

一个人思想正确很重要，因为思想正确，话语行为才会正当。如果有一念偏差失误，所谓"一念不觉，六根逐妄"，可能"一失足成千古恨，再回头已百年身"，难以保全终生的节操了。如何才能有正确的思想？

第一，家贫应思良策

家庭贫穷，要想办法改善经济状况，不能坐吃山空，懒惰懈怠。也不能狗急跳墙，尽想一些投机取巧的方法，或是不劳而获的诈骗，亦不可从事有关杀生、邪淫等不道德、不正当的职业。那么，有什么方式可以改善家庭的贫穷呢？懂得开源节流，勤奋努力，从事生产，以及布施结缘等，都是改善家庭生活的良策。

第二，国乱应思忠臣

国家社会秩序混乱，外有强敌当前，内有乱臣贼子，这个时候最要紧的就是用人无私，提拔忠臣烈士，共同为国家做一些助力。

像唐朝安禄山、李希烈叛变，朝廷就延用忠臣颜杲卿、颜真卿两位堂兄弟，以及明末郑成功把占领台湾38年之久的荷兰人赶走等，都是忠臣爱国的事迹。

第三，危急应思善友

遇到危急、有困难时，要赶快寻求善友的帮助。在人生旅途中，不能没有善友，当我们有过失，善友会劝谏止恶；我们有好事，善友会随喜相助。甚至遇到苦厄困难，善友都不会舍离背弃我们。

所以，能结交善友，好比植下万福的基础，不仅现世不会做坏事，还会帮助别人，广行善法。

第四，枉误应思正法

被人冤枉，被人误会、辱骂，怎么办？不必怨天尤人，应该要思维正法。什么是正法？首先要自我反省：我是不是真的有错？有过失就勇于悔改。如果问心无愧，可能是自己的德行薄、功德浅，不能感动他人，因此更应该积功累德。接着进一步观照，凡事有因有果，冥冥之中自有因缘关系，不怨恨他人加诸于己的误会、冤枉，就能在正法里安身立命。

四种学习

世间没有天生的伟人;伟人都是经由不断地学习,才变得伟大。学习不是一张文凭,或什么证书就可以代表,学习也不是为了父母、为了升学或为了什么学位。学习是充实自己的生命;从学习中可以探究宇宙的奥秘,窥得知识的浩瀚,了解人间的缤纷,得知人生的微妙。学习可以有很多方面,列举四种学习:

第一,从师长学习,要闻一知十

子贡闻一知二,颜回闻一知十,都是孔门杰出的子弟。跟从师长学习,要勤查、勤问、勤记,并且融会贯通,举一反三,触类旁通,方能如古之鸿儒,上知天文,下知地理,博通古今,才思敏捷,自成一家。

第二,从书籍学习,要反复思考

宋朝苏轼刚中进士不久,年轻气盛,恃才傲物,王安石为了激励他,遂出三道上联考他,苏轼穷思仍对不出下联。他感到学无止境,于是勤奋向学,好几年后,才对出下联。所以,读书不仅只是读懂字面的意思,除了依文解义,还要进一步反复思考,再三推敲,懂得作者的真正用心,才能心领神会。

第三,从经验学习,要体会实践

许多饱学之士,知道很多知识,却不一定能够实践。每个人在学习时要立定志愿,将所学为国分忧,为民解劳,贡献社会,或将所学运用在生活中,如此,知识才能转为实践的智慧。比如曾子,虽然资质不高,但闻善言必定亲自躬行,因此能够继承孔子的圣人之法,由此可知,智慧不只在圣贤书中,更在实践的真实经验里。

第四,从内心学习,要自觉行佛

许多人学习都是向外追求,这是舍近求远,真正能学习的是自己的心,也就是一种"自觉"的能力。有了自觉,就能认识自己、明白自己,清楚学习的方向。佛是觉悟的人,所谓"行佛"就是以自觉的心,做一切清净的行为,不管行住坐卧,什么时候都能自动自发,觉照现前所行是否清净;把自己内心的宝藏开发出来,就是自觉行佛。

学习的目的是为了扩大生命,无论有情无情,都可以是我们的老师,师长、朋友、路人也都是学习的来源,最重要的是自己能明白真理,有了正知正见之后,进一步要知而能行,无求而行,才能扩大自己的生命。

四种病

人有两种病,一种是身体上的病,这靠医师、药剂、护理、科技仪器的辅助,就可以治疗;另一种是精神上、心理上的病,这就比较严重,不容易治疗了。人的心理毛病有哪些呢?

第一,懒

古人有云:"为人在世莫嗜懒,嗜懒之人才智短;百事由懒做不成,临老噬脐悲已晚。"当一个人懒于对人点头微笑,懒于招呼关心,对家人朋友不关爱,对上班公事不勤劳,什么事都不热心,甚至对自己的生存都不起劲,这就是"懒病"了。一个人懒惯了,惰性会使得一个人在学业、工作、修行上都不会进步;因此,一旦懒,不仅形象会打折扣,生活也会很艰难。所谓"一分耕耘、一分收获",你有付出,主动接触、关心各种人、事、物,就会有好的收成。相反的,如果自己不根治懒这个毛病,那么谁也没有办法。

第二,私

社会上、周围朋友有不少人是大公无私的,但也有不少自私的人。人一有了私心,就只知道保护自己、图利自己,以自己为前提,不管大众,他慢慢地就高不起来、大不起来、成就不起来了。因为这个世间是众缘所成，若不重视周围因缘条件，就算是一粒好种子，也不可能会有成就。因此，培养自己具备大众性格、社会性格、融和性格，不自私、不自利，才能在这天地之间成长茁壮。

第三，疑

疑心好比盗贼土匪，让我们没有信心，对伦理没有序分，对真理不能受用。佛经云："信为道源功德母""佛法如大海，唯信能入"，在信仰上狐疑不信，如何入门？相同的，没有信心，无论读书、做事、往来，如何能有成就？为此，"疑"的心理毛病，不是靠别人、靠名医可以治好，而是要靠自己去断疑生信。

第四，痴

痴即无明，这是指在语言上、行为上、思想上不明理的病。人因无明不懂得要广结善缘，不懂群我之间的关系，不懂自己未来何去何从，不知如何慈悲待人，不知如何学习巧妙，不知如何联络往来。无明，所以不明善恶、不讲好坏、胡思乱想、颠倒是非，甚至扰乱六根，让我们不该看而看，看出烦恼；不该听而听，听出烦恼；不该说而说，说出烦恼；不该想而想，想出烦恼，无明实在是所有毛病的病根所在。

人都不喜欢自己生病，除了身体的病外，心理的毛病也要看好，才会有所成就。

四多之病

人心之病在于私,有了私心就会起贪,有了贪心,就会被嗔恨不满蒙蔽礼义道德而无恶不作,造成社会问题层出不穷,乃至自己的身心百病丛生。以下举出人生的四种病,说明之:

第一,贪多为做人之病

一个贪得无厌的人,纵然富可敌国,其心将因永远不能满足而贫穷。看看社会上,不乏因贪多一点财富,而反目成仇的好友;不乏因贪多一点利息,而被迫倒闭的商人;不乏因贪图谋利,而铤而走险的政要;不乏因贪爱情感,而引发杀机的情侣;甚至因利益分配不均而大打出手的亲人,也不乏其人。所以贪是为人之病。

第二,言多为涉世之病

说话要言之有物,才能受人敬重。荀子说:"言而当知也,默而当知也。"人在表达自己的意见时,有时候是不需要多说话的,对于毫无意义的事,口沫横飞地雄辩,不如保持沉默。西谚有云:"一个喋喋不休的人,就像一艘漏水的船,让每位搭船的乘客都想赶快逃离它。"所以古人说:"沉默是金。"就是为了避免因多言而犯错之弊。

第三，计多为用心之病

一个人的计谋太多，善于运用各种手腕，甚至利用人际关系，处心积虑地只为了获得一己之利。这种人心胸狭窄，让人与他交往时，觉得没有安全感而不敢深交。《宋史》说："遇人不设城府，人自不忍欺。"如果你与人相处，能以真心相待，他人自然不忍心欺侮你；同样的，你的花样太多，城府太深，会让人与你保持距离。所以正直和忠诚，才能使友谊巩固。

第四，费多为居家之病

有的人喜欢住豪华住宅，吃山珍海味，开外国车，用尽一切心思，只为表现自己的身份地位。还有的人没条件摆阔，却还是强以外表的华丽来满足自己的虚荣之心。其实，人的高贵之气是由内涵而来，只知一味地挥霍，不但愈显自己的虚浮，并将使自己的经济陷入贫困之境。所以，善于持家的人，凡有所花费，必把每一分钱花在当用之处，如纪德说："省钱应该解释为'用钱的方法'。"所以，懂得如何用钱，才是持家之道。

人的贪心如深壑难填，贪多就会引来患得患失；计多就会失去朋友；费多就会导致匮乏；言多则有失言之虑。

四种无益

世间的人事,有时候对我们有利益,有时候对我们没有利益;有利益的事情当然要多做,没有利益的事情则应该加以改正或者放弃。可是有的人努力行善、结交好友,平常也很勤劳节俭、重于保健,以为如此可以获得利益,其结果却是徒劳无功,为什么呢?因为:

第一,不孝父母,行善无益

儒云"百善孝为先",佛经里也说父母是我们的"恩田",所以孝顺父母就是种福田。但是有一些人放着堂上双亲不孝顺,却到处求神拜佛、布施行善,想要借此求神明保佑家庭平安,甚至升官发财。殊不知孝顺父母,是做人之道,你对父母不孝顺,就是信佛教、求神明,也是本末倒置,难以获益,所以,到南海朝观音的屠夫,到头来还是回家才能见到"观音老母",这才是真正的福田。

第二,兄弟不和,交友无益

古语说:"打虎不离亲兄弟,上阵不离父子兵",都是说明兄弟亲情的可贵。但是现在的社会,很多人为了争夺家产,演出"兄弟阋墙""父子反目"的悲剧,令人不胜唏嘘。其实,所谓"兄弟同心,其利断金",兄弟手足一起奋斗,可以发挥人生很大的力量,否则"家不和,被邻欺",兄弟之间不能和睦相处,即使结交再多的朋友,终会受人讥评、看轻。

第三,贪心好赌,勤俭无益

俗语说:"财帛动人心",每个人都想升官发财,但是有的人贪心好财,总想一夕致富,因此把赌博当成发财的捷径。其实"十赌九输",不少人一夕之间输光了所有家财,如此贪心好赌之人,即使平日里再怎么勤劳节俭,又怎敌得过一个"赌"字呢?所以奉劝世人千万不要涉足赌场,否则输掉的不只是钱财,还可能输掉自己的人生。

第四,保养欠缺,服药无益

现代人注重身体的保健,但是往往不得要领,结果适得其反。例如有的人平日不肯运动、不重卫生、不知调适身心,三餐饮食也不懂得均衡、节制,反而每天食补之外,还迷信各种补药,结果"病从口入",吃得"百病丛生"。其实"预防重于治疗",我们的身体要靠平常的保健,平日不懂保健之道,一旦生病才要看医生,不但花钱找苦吃,万一病入膏肓,即使服用特效药也不一定有益。

所以,我们的行为举止、做人处事,要符合正道;偏离正道,要想有好的结果,正如缘木求鱼,总是徒劳无益。

四种涵养

《省心录》说:"和以处众,宽以待下,恕以待人,君子人也。"人要养成宽容的美德,能够宽谅他人无心之过,让人有改过向上的机会,才是君子之行。关于"四种涵养",说明如下:

第一,觉人之诈,不发于言

我们跟朋友相处,发觉他对你有所图谋时,最好不要轻易地揭穿,只要心里有数即可。清代史襄哉说:"恭可平人怒,让可息人争。"如果你能表现得不争不权谋、礼让守节操,以诚心忠实对待,反而比漫骂指责、钩心斗角,更能让对方感动而有所改进。

第二,受人之侮,不动于色

有时候别人讲话伤害我、侮辱我,你不要将不满之心表现在脸上,因为你将怒气形于色,反而让他人觉得你没有涵养。宋代苏轼说:"天下有大勇者,卒然临之而不惊,无故加之而不怒,此其所挟持者甚大,而其志甚远也。"一个人可以忍得了别人的羞辱,是大勇之人,如蔺相如、勾践、韩信,他们不都是因为能忍,所以成为一代名将的吗?

第三,察人之过,不扬于人

中国人一向有"隐恶扬善"的美德,也就是不传扬他人的缺点或是非。但是,当遇到一些大奸大恶,我们仍应诉诸法,以免危及大众;如果只是个人的小过失,以及一些不当的言行,我们可以仗义直言地告诫他,请他改过,但不要随便向他人宣扬。因为不断扬善,才能让大众有"见贤思齐"的心,如此才能减少恶的行为,进而增长善行,净化社会。

第四,施人之惠,不记于心

古人云:"受人之恩不可忘,施人之恩不可记。"平常我们或许有机会帮别人一些忙,为人做一些服务,施人一些恩惠,但是我们不能老是念念不忘,甚至希望别人回报。佛教讲"无相布施",《圣经》也说:"你施舍的时候,不要叫左手知道右手所作的。"就是说明施人之惠不要记在心上,才是真正的布施。梁武帝一生造了很多寺庙、供养了很多僧人,但是菩提达摩祖师却说:"了无功德。"所以布施要做到不为名、不求利、不望报地无相布施,才是大功德。

俗语说:"志大量小,无勋业可为。"一个人的心量有多大,成就的事业就有多大。具备以上"四种涵养",不但成就自己稳重踏实、磊落容忍的性格,更是仁爱的施与。

四种危机

佛经讲"三界无安,犹如火宅",我们所生存的世间,就如同一间失火的房子,人们居住其间,随时都有被火焚烧的危险。此外,世间到处充斥着地水火风以及战争、瘟疫等各种天灾人祸,可以说我们的生活里时时刻刻都满布危机。但是,人生最大的危机,则是由于性格、思想、观念上的缺陷所造成,以下四种危机即是:

第一,临渴掘井欠打算

人生要有忧患意识,"有"时要思"无"时之苦,所以凡事要早作准备,以备不时之需。例如晴天要准备雨伞,以防下雨;白天要准备手电筒,则不怕黑夜来临。一个人如果口渴了,才想要挖井,则往往缓不济急。所谓"人无远虑,必有近忧",凡事预则立,不预则废,做事千万不要临时抱佛脚,这是有欠打算,通常不会有好结果;能够事前做好周详的计划,则"有原则不乱,有计划不忙,有预算不穷"。

第二,恃才傲物少人缘

"骄必败,谦受益";骄傲的人仗着自己的才华、能力,见到人就摆出一副高姿态,认为我有你没有、我行你不行、我能你不能。恃才傲物的结果,朋友必然渐渐离他而去,等到有一天需要别人的帮忙,却因平时没有结缘,以致缺少助缘而失败。所以,做人最重要的是广结善缘,千万不能贡高我慢,否则即使能力再强,没有助缘,终究注定会失败。

第三,观望不前失时机

人的性格,有的人积极主动,有的人消极被动;有的人争取机会,勇敢向前,有的人凡事观望,裹足不前。人生处世,固然要审慎行事,但是如果凡事犹豫不决,甚至当一个旁观者,对大众有益的好事,自己一点也不热衷,不去积极参与,总是在旁观望,不敢当下承担,一旦失去机会,则悔之晚矣。

第四,无惭无愧招祸殃

无惭无愧就是不知羞耻。惭耻之心是人类高尚的美德,一个有惭愧心的人,凡有所做,他会想到此举是否会对自己的人格操守有亏,是否能有益于社会大众;因为有了这种道德观念,自然不敢为非作歹。反之,无惭无愧的人,凡事只想到自己;因为自私、无德,只要于己有利,再大的坏事他也铤而走险去做,如此坏事做多,自然惹祸上身,这是必然的因果。

人生处处充满危机,在重重危机里面,我们如何转危为安呢?重要的就是要有危机意识,要能防患未然。

四种不可(一)

有一段时间,社会上流行一句话:"只要我欢喜,有什么不可以?"这句话严重误导青少年的行为,让他们把任性当率性、把脱序当洒脱。试想,人类社会所以能够有秩序地运作,就是靠道德、礼法的维系,如果每个人只顾自己喜欢不喜欢而为所欲为,这将成为什么样的世界?所以我们每做一件事,如果合于道德、理法,能为社会情、理、法所容的,当然能做,否则就是自己喜欢,也不可以去做。以下列举"四种不可"说明之:

第一,物非义,不可取

"君子爱财,取之有道",甚至"盗亦有道",因此一个正人君子,对于不合仁义的东西,应该一概不取;对于不义之财,更不该生起贪念。所谓不义的财物,例如贪污所得、吞没寄存、抵赖债物、因便侵占、借势苟得、诈骗投机,乃至转卖赃物,获取暴利等,这些都是不义之财,即使一时拥有,不但无法用得心安理得,而且有损己德,所以对于不合仁义之物,万万不能要。

第二,事非见,不可说

有的人喜欢听信谣言、乱传是非,造成别人的名誉受损、身心受创,自己也在无形中造下罪业而不自知,真是害人害己。所以做人要谨于言,不是自己亲眼所见、亲身体会所知的事情,千万不可以随便乱说。甚至即使是亲眼所见,如果对当事人的私德有损,对大众的利益无害,最好也不要随便乱传,因为有时候亲眼所见,也不见得就是事实。

第三,人非善,不可交

交朋友,要注意对方的品性、道德,所谓"近朱者赤,近墨者黑",如果不慎交上坏朋友,整天游手好闲、吃喝玩乐、为非作歹,跟这样的人做朋友,即使不被熏染变坏,也难保有一天不会因为对方做了坏事而牵连受害,所以不要和品性不良的人交朋友,这是自保之道。

第四,念非正,不可举

平常我们的举心动念,都是一股无形力量,会驱使我们在身、口上付之行动,此即佛教所谓的"身口意"三业。三业是造作的主人翁,其中又以意念为主,心里有了想法,才会发之于身、口的行为,所以佛教主张要"防意如城",也就是要好好照顾自己的念头,要心存正念,不要有妄念、邪念、歹念,自然就不会起惑造业而身受其苦。

俗语说:"祸福无门,唯人自招",只要我们为人正派,不可以做的事情不去做,自然不会招惹无谓的麻烦。

四种不可（二）

我们在世间做人做事，有一些事情可以做，有一些事情不可以做；有些观念可以有，有些观念不可以有。比方说善事可以做，恶事当然就不可以做；慈悲喜舍的观念可以有，贪赃枉法的行为当然就不可以有了。尤以在人间做人处世，有一些分寸，更要拿捏得妥当，否则一念之失，将差之千里。

在可以和不可以之间，我们应该怎么做呢？下列做人做事"四种不可"贡献给大家参考：

第一，不可因求全而不知变通

在生活里，我们常常因为自己一时的欢喜，就随意承诺他人，等到事过境迁，心境发生变化的时候，又不肯兑现当时的诺言，这是非常不好的习惯。语云："信誉是人的第二生命。"因此，我们不可以因一时之欢喜而轻诺寡信，更不可以在不欢喜的时候，又言而无信。

第二，不可因速成而马虎草率

我们有的时候，因思虑不周，就急急忙忙请托这个人帮我们说一句好话，或是请托那个人帮我们做一件事，态度马虎轻率，又怎能取信于人呢？假使所托之人推辞你的请求，你便怀恨在心，如此又怎能有好结果呢？须知人家的推辞，表示有不便之处，所以我们不能强人所难。如果他人肯帮助我们、接受我们，这是人家的好意，而我们也应该要感谢，切不可以因速成而马虎草率。

第三，不可因乘意而多事生非

有的人因自己一时的快意，守口不密，泄尽真机，结果为自己惹下许多的麻烦，给自己带来以后的不便。《孟子》记载："盆成括在齐国做官，因为露才扬己，器卑识乏，终以见杀。"所以在快意的时候，更应该谨慎小心，不可多生是非。

第四，不可因疲倦而鲜终无果

不可因为自己疲倦了，觉得无力，就不顾后果，不奉行自己的责任，不履行自己的诺言，到最后必定会失去许多的助缘和朋友。

所以，再怎么疲倦，我们都应该要完成任务。

四种饮食

人要吃才能生存,所谓"民以食为天","吃"在中国不但是一门艺术,内容也很广泛。有时不一定是指用嘴吃,例如知识分子以"读书"为食,商人以"获利"为食,艺术家以"唯美"为食,修道人以"法喜、禅悦"为食,佛门也有所谓"四食",眼、耳、鼻、舌、身、意,都可以为我们摄取各种不同的养分。饮食有哪些种类呢?以下四点:

第一,好人以礼乐为食

"礼"是行为道德的规范,"乐"能调和性情,舒缓身心,因此《礼记·文王世子》中有云:"凡三王教世子必以礼乐;礼乐交错于中,发形于外,是故其成也怿,恭而温文。"性格良善之人,他汲取礼乐内涵,做事规度,待人礼貌,从内心自然流露正派、诚信、温和,让人觉得舒服、亲切。所以说,好人以礼乐为食。

第二,小人以贪取为食

弘一大师曾说:"我不识何等为君子,但看每事肯吃亏的便是;我不识何等为小人,但看每事好便宜的便是。"小人遇事,好取便宜,只着眼于个人欲望贪婪,不顾虑是否伤害他人,或造成不良影响。他以贪多为食,大饱私囊,明白说来,只是个"贪名图利世间人"。

第三,圣贤以仁义为食

所谓"廉者不受嗟来食,志士不饮盗之泉"。一个贤能的人,他凡事讲求仁义礼信,不贪不义,也不卑躬屈膝,行仪典范,受人尊崇。例如,古来孔子的"饭疏食,饮泉水,曲肱而枕,乐在其中",陶潜"不为五斗米折腰",乃至文天祥"留取丹心照汗青"的正气精神,他们以仁义为食,立足于天地之间,至今犹令人欣羡与赞佩。

第四,道人以禅悦为食

在佛门里,每日斋堂中都要唱诵《供养咒》,其中有一段:"若饭食时,当愿众生,禅悦为食,法喜充满。"即是提醒过堂用斋的修道人,不过度贪求外在饮食的鲜香味美,时时将自己安住在禅悦法喜与自在宁静之中,以法为食,可以当饱。

饮食是维持生命的动力,人要靠吃来得到营养,产生力量。因此,应该要从吃里体会生活的道理,吃出人生的正知来,不单纯满足肉体的需要,而重视精神的养分,如此才能双向健全发展。

四种适意

一般人都希望诸事"称心如意",例如物质上的富裕、银行存款的增加、精神上的满足、获得别人的赞美与肯定等,这些都是生活上的适意。然而,从外而来的东西,有时候靠不住,因缘条件一变化,情况也就跟着改变了。适意的生活,还是要靠自己去创造。怎样创造适意的生活呢?有四点意见:

第一,无事以当贵

古人说:"千般易淡,未淡者美酒三杯;万般可忘,难忘者闲名一段。"人人都有求富贵、地位、荣耀,乃至受人尊重的欲望。《世说新语》说:"人生贵得适意尔,何能羁宦数千里以要名爵!"所谓"树大招风,名大招忌"。名利之后随之而来的,可能就是种种的毁谤、打击、烦恼、压力。"无事以当贵",贵在什么?贵在无事,贵在有一颗平常心。当你心中无事,就不会被世间尘劳所惑,内心无所挂碍,则能处处平安,自在而适情。

第二,知足以当富

客家人有一句话很美:"我足了。"意思是"我饱了、我够了"。人生还有什么比这样的心更富有?要发财,钱财和烦恼是兄弟,钱财有了,总离不开烦恼;求名利,名利与挂碍是一体,名利来了,难免患得患失。因此,知足才是富乐安稳之处。《佛遗教经》说:"知足之人,虽卧地上,犹为安乐;不知足者,虽处天堂,亦不称意。"不知足的人,常为五欲所牵绊,知足的人,以超越升华为富贵。

第三,安步以当车

时代在进步,交通工具也逐渐改变,人类的欲望也随之增加。例如有了自行车,开始希求摩托车;有了摩托车,觉得要有汽车才好;买汽车时,要进口的才拉风;有了进口车,何不来一架直升机?什么都拥有了,内心却不平安、不快乐,为什么?因为怕被偷、被抢、被拖吊、被撞坏,苦恼无处停放,担心恶人恐吓……其实,生活不在求享受,安步当车,安贫乐道,多一份闲情,少一份奔忙;增一分健康,减一分负担。

第四,晚食以当肉

《古文观止》的《颜斶说齐王》一文记载:齐王要颜斶做官,给他种种优渥条件,但是颜斶婉谢了。他说,他不要什么荣华富贵,也不必什么美食佳肴,只要在家做个老百姓,肚子饿了才吃,味道自然甘甜,与吃肉一样美味。唐朝张蕴古在他的《大宝箴》里也说:"罗八珍于前,所食不过适口。"丛林里的"过堂"一语,意思是,吃饭只是滋养色身,经过一下,不在执着菜色如何。果能尝得这般淡泊滋味,才能维持最长、最久。

天气冷暖的变化,要适时增减衣服,环境变化了,也要懂得调适身心。人生无论做什么,总要有一个适合:男女结婚要适龄,穿鞋大小要适足,煮菜咸淡要适度,应对进退要适宜。遇到学习因缘、种种商机,感谢适逢机会;工作就业全力以赴,就不怕被时代淘汰;甚至人我相处,也要懂得适可而止,否则任性而为、逾矩越分,只会适得其反,破坏情谊。

四种寿命

日本禅师丹羽廉芳曾说过:"人寿像马拉松赛跑,谁有耐力,谁就可以获胜!"到底人的寿命要"活"多久才好呢?其实,人的寿命不一定要长久,因为一个人除了身体的寿命外,还有语言的寿命、信仰的寿命、功德的寿命、事业的寿命、共生的寿命等不同层次的寿命。以下有四种说明:

第一,肉体上的寿命

平常我们为了这个肉体生命,给它化妆、营养、运动,种种的爱护、照顾,乃至养生有术,希望长命百岁,依然童颜鹤发,矫健如虎,毫无龙钟的老态。这是一般人所希求的寿命。但是,它毕竟是有限的,到了百年以后,这身体就不是我们的了。

第二,事业上的寿命

开创事业,福利邦梓,泽被社会人群,譬如创建公司、工厂,一经营就是几十年,甚至百年老店,不但本身投注毕生的岁月,子子孙孙继承不辍,就是一种事业上的寿命,尤其是从事文化出版的事业,其寿命更是亘古长久!这是一种利世、利国、利人的功业,可以为人所称颂。

第三，言教上的寿命

古人所谓"三不朽：立德、立功、立言"，古今圣贤的珠玑教谕，让后代的人不断地沿用，他们的教言，是人类智慧的遗产、文化的宝库，通过古人的著书立说，传之其人，文化得以薪尽火传绵延下去。言教上的寿命，是超越时空，和心灵交会的生命，是一种真理和道德的传递。

第四，信仰上的寿命

肉体上的寿命，有生老病死的现象，事业上的寿命，有兴隆衰微的可能，言教上的寿命，有时也依因缘际会之不同，而有或被宣扬或遭压抑之别。所谓信仰上的寿命，是对生命有无限未来的信仰，相信生命是亘古今而不变，历万劫而弥新，信仰上的寿命，是超越了有无、美丑等对待，绝对解脱，究竟常乐，与真理契合的清净生命！

寿命长好，还是短好？事实上寿命长短并不重要，重要的是是否有功于人间。佛门中的僧肇，年仅32岁，却留下一部脍炙人口的《肇论》；亚历山大以33岁之龄，领导百万雄兵征服世界。因此，一个人的功业，并非靠年岁成就。而人生也不一定光讲色身寿命，而是要讲究什么样的寿命，才是有意义。

以上四种寿命，您要选择哪一种呢？

四种善用

《佛光菜根谭》说:"一个良将,残兵败卒也能训练成勇士;一个明医,枯木朽石也能炮制成仙丹;一个名匠,破铜烂铁也能锻炼成精钢;一个巧妇,剩菜残羹也能烹煮成佳肴。"做事能有善巧方便的智慧,才能够圆融无碍。列举"四种善用",提供参考:

第一,善养威者,不易发怒

"君子不重则不威",一个人的举止行仪要有威严,不可轻浮,才不会被人看轻。但是,威严不是不苟言笑地摆出一幅严肃的面孔,或是靠发怒、骂人来显示威风。所谓"不怒而威",一个人的威严,要用道德让人对你信服,例如诚实守信、廉洁自持,对人言而有信,凡事以身作则等,能够让人因你有德而对你肃然起敬,这才是真正的威德。

第二,善感恩者,不吝施舍

"滴水之恩,当涌泉相报"。做人要懂得感恩,感恩的人生最富有。每一个人的存在,都要感谢社会大众的因缘成就,我们在感恩之余,也要给人因缘,所以要不吝施舍。所谓施舍,并不一定要施舍金钱或物质,有时候给人一句好话、一个鼓励、一脸微笑,尤其对人心存尊敬,是最好的布施。

第三,善承诺者,不避诚信

"人无信不立",信用是人的第二生命,做人要重承诺,不可轻诺寡信。所谓"君子一言既出,驷马难追",一个人如果经常失信于人,自己的信用、人格破产,日后必定难以在社会上立足,因此做人诚信第一,对于自己所说的话,一定要履行、实践,这是善于承诺者。

第四,善用人者,不会苛责

人皆有所长,也有所短,一个善于用人的人,必然懂得取人之长、容人所短。用人之长,则破铜烂铁也能炼成钢;容人之短,则不会苛责别人,而能以体谅的心,随时原谅别人、帮助别人,如此对方也会心悦诚服地为你所用,这是用人之道。

做人,要善于培养各种美好因缘,也要善用一切好因好缘来创造美好的人生。

四种恶行

一个人的行为,有善、有恶。所谓善恶,"势可为恶而不为,即是善;力可为善而不为,就是恶"。另外,在《善生经》里也讲到"四种恶行":

第一,自私的欲望

一个人有欲望不是绝对不好,因为欲望有时是"善法欲",例如我要用功读书,希望出人头地;我要为人服务,希望自己的道德更高尚,甚至我要成佛等,这种善法欲是很好的。但是有一种欲望是"染污欲",也就是自私的欲望,一心只顾自己的安乐、温饱,不顾别人的死活,只求自己得安乐,不管他人的痛苦,这种自私的欲望,就是一种恶行。

第二,嗔怒的恚心

有的人满肚子的偏执,满腔的嫉妒,看到别人成功,他就不高兴;见到他人受苦,他就感到欢喜。甚至看到别人所做的任何事情,都感到不顺眼,而且处处与人结仇、结怨,因此,每个人看到他,莫不敬而远之。《佛遗教经》说:"嗔恚之害,能破诸善法,坏好名闻,今世、后世,人不喜见。"《法苑珠林》也说:"嗔是善心之大贼,恶口之府藏,祸患之刀斧。"所以,嗔怒的恚心是一种恶行。

第三,颠倒的邪见

有的人虽然有宗教的信仰,但是不见得有正确的见解。例如不相信"如是因,如是果""善有善报,恶有恶报"的因果法则,这就是邪见。有的人不接受"人有前生、有来世"的三世轮回观,这也是邪见。有了邪见的人,就如行走于黑暗中,看不清道路的方向;又如船只航行于大海,不辨正确的方位。我们但看社会上一些绑票、杀人、吸毒等案件,都是由于颠倒邪见,不懂得辨明人生的方向而引起的,所以,颠倒的邪见是一种恶行。

第四,愚痴的执着

在生活中,有的人因为固执己见,无法接受别人的善言而造成自他的痛苦。因此,人之所以产生烦恼的根源,主要是由于执着;执着是贪心、嗔恨、愚痴的展现。执着的人,不能接受真理,甚至执着自己所学的知识,因此碰到任何事物,往往不究其好坏,只要与自己所知者相违,就会立刻产生对立与无明。甚至执着世间有一个永恒的我,或是认为死后一了百了、无有来生,因而肆无忌惮地耽溺享乐、为非作歹,因此沉沦生死不得解脱,所以,愚痴的执着是恶行。

学佛修行,就是要修正自己不当的行为,所谓"未生善令生起,已生善令增长;未生恶令不生,已生恶令消灭"。

所以对于以上的四种恶行,应该努力去除。

四种教化

有一次,佛陀到一个地方教化,当地有个恶人责怪佛陀是个不事生产的人,每天只是到处行脚、云游。佛陀告诉他:"我也有工作,我也跟农夫一样,自耕而食。"佛陀所谓的"耕种",就是对众生的教化,其中有"四种教化"如下:

第一,以信心为种子

《华严经》说:"信为道源功德母,长养一切诸善根。"人在世间上要有所成就,一定要有坚决的信心,才有傲人的成就;有信心,才有面对困难的勇气;有信心,才有承受挑战的力量;有信心,才能接受更多学习的机会。佛陀教化众生,到处散播信仰的种子,让信仰种植在众生心里,一旦因缘成熟,就可以开花结果,增加力量,成为面对困难时的依托。

第二,以修行为时雨

佛陀教化众生,希望大家修习慈悲心,修习忍辱行。乃至持戒、布施、念佛、参禅等,让众生因为修行而身心安乐、远离烦恼,透过修行改造人心、净化社会。甚至佛陀也是以修行来修正自己,进而感化整个社会;以修行的功德,成就他人;以修行的悲智,救度众生;以修行为及时雨,润泽一切众生。

第三,以智慧为阳光

佛陀运用智慧,以契理契机的权巧方便,散播他所觉悟的缘起、因果、业力、空慧等真理,来引导众生出离痴暗无明、消弭刀兵劫火。例如他以所证悟的空慧,打破悭贪的黑暗、消灭嗔恨的阴霾;以智慧的心灯,点亮出离生死之路、照见福慧之光,让众生远离忧愁贫困,趋向菩提大道,就如阳光一样,照破世间的幽暗瘴气,迈向光明温暖之途。

第四,以惭愧为大地

《佛遗教经》说:"有愧之人,则有善法;若无愧者,与诸禽兽无相异也。"惭愧是升华道德、去恶向善的根本,惭愧就像大地一样,能让万物生长、成熟。佛陀让世间的人,时常惭愧自己的不足,惭愧自己对父母的孝养不够、对子女的教导不力、对亲朋的爱护不足、对社会的付出不竞。有了惭愧心,才能远离自大自满的固蔽;有了惭愧心,才有悔过向上的意愿;有了惭愧心,才能资养自他及世间的和谐。

佛陀不但是一位善耕心田的农夫,更是一位以众生为田,期望众生皆获菩提道果的专家。佛教一直积极地从事众生心田的深耕工作,对于社会人心的净化,大有助益。

四种话不取

把话说出来,才能让别人知道我们心中的想法,而方便彼此的沟通。但是,说话有说话的艺术,说得不好反而伤感情。好话固然能让人产生信心,是一种助缘,但无心之语也会酿成灾祸。如《华严经》里提到的粗犷语、苦他语、令他嗔恨语、如火烧心语、怨结语、热恼语等,都是"能坏自身他身语",因此,人与人之间,有四种话不足取:

第一,哗众取宠的话不取

有时候一句话说出来了,虽然一时之间能让大家觉得兴奋,但实际上却只能取悦人于一时。像现今中国台湾政坛以作秀的态度来问政,即是一例。事实证明,这种颠倒浮夸的言论,终究无法长久取得大家的信赖和支持。

第二,举止轻慢的话不取

我们做人处事,话不可说尽,势不可用尽,凡事要为自己和他人留个余地。有的人做事灵巧,不但动作快速,脑筋反应也快速,很容易不经意就说出傲慢犀利的伤人言词,让别人听了不舒服。这种语言如同一把利斧,伤了别人,自己也得不到好处。

第三,危言耸听的话不取

有些人怀有"唯恐天下不乱"的不健康心态,像过去有人扬言世界末日即将来临,但直到现在,地球还是完好无恙;在 SARS 期间,某些媒体报道太过于耸动,引起社会民心的恐慌等等。无益于人的话说出来,给人错误的联想,甚至会扰乱人心,引发动乱,都是不可取的。

第四,信口开河的话不取

《金刚经》赞叹佛陀是"真语者、实语者、不诳语者",因此,感得广长舌相的正报。抗日战争期间日本飞机轰炸重庆,一拉警报,大家问:来了多少架飞机?有人说"是一架飞机",最后却变成 91 架飞机。

说话要说正派的话、说中肯的话,有些人说话不经大脑判断,不根据事实求证,随便信口乱说,闹笑话事小,不能为人所信任才得不偿失。

说话的目的在于沟通、表达,如果说出来的话,对别人没有帮助,反而损害他人的前途、名誉,使之陷于痛苦的深渊,则不如不说。

《法华经》云:"是人舌根净,终不受恶味……引导众生心,闻者皆欢喜。"言语得体,能够善言软语的人,不但能导人向善,更可以为后世立下言语的典范。

四种第一法

古德云:"处人不可任己意,要悉人之情;处事不可任己见,要悉事之理"。在日常生活中,待人接物都要有方法,不可任性而为,如果我们懂得人际间的相处之道,就能往来顺利。关于处世之道,有"四种第一法",说明如下:

第一,忍耐是做人第一法

做人最大的力量就是"忍耐",《尚书》云:"必有忍,其乃有济。"忍,是一种智慧、是一种担当、是一种力量、是一种化解。能忍,才能解决困难,才能生出智慧,才能接受磨炼,才能不辞辛劳,才能从失意痛苦中再度站起来。因此,忍,才能顺利走完人生旅途,如黄庭坚所说:"百战百胜,不如一忍。"可见忍耐是做人第一法。

第二,礼貌是处事第一法

人在世间生活,免不了要与人接触往来;与人来往要有礼貌,处事才能顺利。礼貌是修养的表现,礼貌是互相尊重的行为,也是道德知识的流露。礼貌能让人不卑不亢,礼貌能获得好人缘。《礼记》云:"富贵而知好礼,则不骄不淫;贫贱而知好礼,则志不慑。"做人有礼貌,会让人欢喜与你接触,因而使你在事业上,在团体中获得好的评论,因此礼貌是处事第一法。

第三,谦退是保身第一法

人生的荣耀不是永恒不变的,我们要如何保住已有的成就与荣誉?首先要懂得谦虚退让,就如老子所说:"为而不恃,功成而不居。"人在应该谦虚时要谦虚,应该退让时要退让,只有不争,才不会有人跟你争;反之,如果你不谦虚、不退让,就会与人产生纷争。有了纷争,你所想要得到、拥有的,很可能一夕之间丧失殆尽,所以谦退是保身第一法。

第四,宽容是用心第一法

宽容是君子之风,宽容是气度的表现,宽容是善解人意,宽容是以德报怨。我们能对别人多一分包容,就愈能显示自己的肚量;一个人的肚量有多大,就能对他人涵容多少。就如天地虚空,因为无所不包、无所不容,所以能广大无垠。因此,我们要如天地一样,能包容各式人种,能亲疏平等,能与万物共存,则能虚怀若谷、意畅舒怀,所以,涵容是用心第一法。

荀子说:"欲观千岁,则数今日。"未来的成就如何,从你现在的表现就可以看得出来。能做好"四种第一法",就是开创美好未来的关键。

四种怨亲

人在世间上生活,身边一定有许多的亲人与朋友。周遭的这些人,有的虽无血缘关系,却亲如家属;有的虽是亲人关系,却仇如冤家。究竟围绕在我们身边的人,谁是亲?谁是怨呢?有时候,可能连自己都难以分辨清楚。在佛教的《善生经》里有"四种怨亲",说明四种看起来是亲人,实际上是冤家的人:

第一,有贪欲而来畏伏的人

有一种人,之所以与你交往,是存有企图之心。他为了得到你的财产、权位、名利、美貌等利益,而假意遵从你、畏惧你,甚而服侍你,这样的人,是有贪欲之心者。孟子说:"为人也多欲,虽有存焉者寡矣!"也就是说一个贪欲之人,其心中的道德良知是非常微薄的,这样的人,是寡德之人,也是冤家,而不是亲友。

第二,有所求而来美言的人

《礼记》云:"君子之接如水,小人之接如醴;君子淡以成,小人甘以坏。"有的人,他想要请求你的协助,希望得到你的帮忙,他会对你作出种种的奉承,说出种种的好话,甚至说尽种种谄媚之语,让你心花怒放,因而不察其人的品性善恶好坏,以及所求之事是否合于道德。这一种人是小人,也是冤家,而不是亲友。

第三,有谄谀而来敬顺的人

有一种人,他想要亲近你,是想仗恃你的势力,想假借你的名位,想依靠你的威风,因而假意地来恭敬你、顺从你。事实上,他是想"狐假虎威",为非作歹。如果重用这类人,必会造成国贫民疲,上下不和。荀子说:"非我而当者,吾师也;是我而当者,吾友也;谄谀我者,吾贼也。"所以,对你有谄谀之心的人,是贼人也是冤家,而不是亲人。

第四,有图乐而来交友的人

有些人与你交往,是因为你有钱,跟你在一起可以享乐。《战国策》载:"以财交者,财尽则交绝。"为了图乐而相交的朋友,他不是患难同当的朋友,而是吃喝玩乐的酒肉朋友,等到与你相处没有玩乐的机会,或是你所能给的利益消失时,彼此之间的友谊也就停止了,所以这一种也不是亲人,而是冤家。

我们身边的人,是正是邪?是怨是亲?这就要看自己如何运用智慧来分辨了。

四种人

读书是为了明理,明理才能做人;不能通情达理,不能洞悉人情事理,就是对做人的这门学问还不够透彻。做人是一门大学问,人有很多种,有的人热心公益,有的人自私自利;有的人见义勇为,有的人自扫门前雪;有的人刚直不阿,有的人圆滑狡诈;有的人内敛稳重,有的人轻薄肤浅,正所谓"一样米,养百样人"。人的种类繁多,以下介绍四种人:

第一,不闻不问者为局外人

有一种人,不管发生什么事情,都是一副"事不关己"的态度。在他的心里,"天塌下来自有高个顶着",因此对于世界局势,乃至国家社会的一些现象、问题,他都漠不关心,不闻不问,把自己当成局外人。现在社会上多的是这种人,其实世间一切都是因缘所生法,彼此都是相互关系的存在,所谓"覆巢之下无完卵",当国家社会有了危机,自己岂能置身事外?所以,人不能当局外人。

第二,隔岸观火者为无情人

有一种人,对事抱着观望的态度,当别人有了困难,他习惯袖手旁观。有时候即使邻居失火了,自己只看不救;朋友发生灾难,他也生不起同情之心。甚至路边有人跌倒了,虽然只是举手之劳,他都不愿扶人一把,这就是隔岸观火的无情人。人一旦失去了关怀别人、同情别人的慈悲心,则如同冷血动物,如此人的价值何在?所以,人不能当隔岸观火的无情人。

第三,两面讨好者为圆滑人

有一种人,做人圆滑,做事投机,善于两边讨好、见风使舵。这种人看似左右逢源,到处吃得开;其实这种"墙上草"的人,没有原则,没有是非,这种人太圆滑了,给人不安全感,不容易让人信任、重用。所以,做人要圆融,但不能圆滑。

第四,功成身退者为明智人

有一种人,功成不居,这种人最好。平时尽心奉献,努力服务,随喜促成好事。但是一旦事情成功了,他就急流勇退,交棒给别人,毫不眷恋。社会上就是因为有这种人,才能不断地成长,不断地进步。反之,有很多人把着权利,不肯退位,得到利益好处,就不肯分享给别人,最后遭人唾弃,这是最失败的人,所以功成身退者为明智之人。

学问是为了做人,做人之道无他,能够心中有人,凡事设身处地为人着想,进而发心奉献、服务人群,当你成就别人的同时,也会成就自己。

四种人不用

机关团体,时常要招考各种职员;商店经营,需要雇用外务店员;工厂运作,也要聘请技术人员等。甚至于在家庭里,也会请个管家、保姆。对于用人,哪一种人能用,哪一种人不能用,不可不知。以下建议,有四种人不可用:

第一,巧言令色者,不用

巧言不如直道。有的人说话,善于察言观色,谄媚逢迎,专说一些好听的话,给你灌迷汤;骨子里没有一点真心,所说的话都是虚伪不实的绮语妄言。甚至不但语言是假的,连笑容也是伪装的,一举一动,都是做作不实,这种人不能令人信任,当然不能用。

第二,损人利己者,不用

世间上,一等根器的人凭着崇高理想而行事;二等根器的人凭着常识经验而工作;三等根器的人凭着自己需要而生活;劣等根器的人凭着损人利己而苟存。损人利己的人,凡有利益,归于自己,凡是过失,归咎他人。平时专做一些自私自利的事,说一些坏人名誉的话,这种人如果用他,会给你招惹很多的麻烦,增添很多的不愉快,所以不能用。

第三，言行不一者，不用

有一种人，表里不一，说的是一回事，做的又是另外一回事。平时喜欢发表高论，说得天花乱坠，但是真要他去实行，则推得一干二净，说和做完全是两回事。更有甚者，有的人满口的仁义道德，满肚子的男盗女娼，语言和行为不能配合，表里不能如一。对于言行不一致的人，不能托付重任，自然不能用他。

第四，自赞毁他者，不用

平常在我们的朋友、同事当中，会有一些人总喜欢炫耀自己、夸赞自己。三句话就谈到自己当初是何等英雄，贡献多么伟大，立了多少功劳；谈起现在，更是不得了，好像少了他团体就不能运作，太阳就不再升起一样。有的人不但夸赞自己，甚至毁谤他人，这个人不对，那个人不是。凡是别人都是错的，自己都是对的，这一种自赞毁他的人，经常制造纷争，用了以后会很麻烦，因此最好不用。

做人，可以无用，但不能无明；做人，可以没有贡献，但不能侵犯别人。做人踏实、本分最要紧，所以上述这四种人我们不能用，当然也不能做这四种人。

四不可

现代是一个民主时代,个人可以随着自己的兴趣、性向、专长,在不影响他人的权益,以及不违背国家的政令之下,自由地发挥所长,甚至尽情地做自己想做的事。但是,有四件不可任意而为的事,应该戒之、慎之。以下就来谈谈"四不可":

第一,不可随耳目之娱

随着科技高度发展,一般人每日追逐于感官刺激的娱乐,驰骋畋猎于目眩神移的声色之中,身心却空虚不安,无法求得安定与自在。明朝的薛敬轩说:"目欲视,当思其邪与正;耳欲听,即思其是与非。"我们不可以放纵自己的耳目,任其贪看美色、听取靡靡之音,所谓"宁静致远",唯有在宁静中,不让心灵受到外境的五欲六尘所蛊惑,能够不当看的不看,不当听的不听,自然不会起惑造业,也就不会频生无明烦恼了。

第二,不可说虚妄之言

朱熹说:"言语不可妄发,发必当理。"话不可以乱说,开口说出来的话必须合于正理。人只要说了一句谎言,就要不断说更多的谎言来掩饰,甚至为了要自圆其说,无所不用其极地算计别人,以为自己脱罪,于是每天活在惶恐黑暗之中,不得安宁。所以口要常说赞美之语、诚实之语,而不说虚妄之语。

第三,不可揭他人之短

《弟子规》云:"人有短,切莫揭;人有私,切莫说。"人家有短处,我们要隐恶扬善,不可揭发人隐私。台湾的选举,竞选人的祖宗八代,常常会被一一地提出来品头论足,甚至被骂得一文不值,这是社会亟待改善的不良风气。其实每个人各有所长,也各有所短,天下没有完美无过之人,包容他人的不足,赞美他人的长处,不仅有助于社会风气的净化,更能带给自己好的人缘。

第四,不可夸自己之长

社会上常见有的人开口、闭口都是自己怎么了不起、自己怎么好。其实这些自我宣扬、自我炫耀的人,反而会被人看轻。曾国藩说:"以才自足,以能自矜,则为小人所忌,亦为君子所薄。"人应该懂得谦虚,谦虚才是美德;不夸耀自己专长的人,才能如大树般向下扎根。

《礼记》说:"人有礼则安,无礼则危。"人的气度是透过高度的修养所展现出来的。"四不可"就是让我们表现恢宏气度的礼仪,有礼才能对别人产生恭敬之心,有礼才有公共道德,所以,我们要时时将"四不可"用于日常生活之中。

四等人

现代人讲究情绪管理,但是,一般人大多不能控制自己的情绪。有的人虽然能力很强,但是脾气也很大,让人不敢领教;有的人能力差,脾气又大,自然受人排斥,难以合群;有的人能力强,脾气又好,则人人赞叹,到处受人欢迎;有的人能力虽差,但也没有脾气,尚能与人共事,差堪受教。

一个人的伟大,不在能力大小,而看能量的高低。能,每个人都有,而且各有不同,能力、才能都可以经由学习而来;量,却是不容易培养。量是不嫉妒、有包容、有雅量、有涵养,不随便发脾气。所以做人以能量来区分等级,可以分成四等人:

第一,一等人,能力大脾气小

第一等人,能力很大而且没有脾气,例如在学校里,会教书的老师绝不会用打骂的方式来教育学生。反之,喜欢体罚学生的老师,为什么要打骂学生?因为他没有好的方法来教导学生,只有用打骂、用发脾气来威吓学生。所以,只要我们培养自己的能力,让自己有能力而脾气小,就是第一等人。

第二,二等人,能力大脾气大

第二等人,能力大,脾气也很大。因为他要求完美、要求苛严,所以,在做事的时候,当别人的能力无法和他配合,他就用发脾气来教训人、督促人,要别人跟他一样。发脾气,总要让别人感到你是出于一份爱心,他才能接受;如果你是恶意的,对方也会心生反感。所以能力大,脾气也大的人,只能列为第二等人。

第三,三等人,能力小脾气小

有的人没有能力,不过他也没有脾气,这种人算是普通人。他知道自己没有办法做多大的事业,也没有办法有杰出的表现,所以他也不敢发脾气。如此大家将就将就,总算能够与人和平相处,这是三等人。

第四,四等人,能力小脾气大

这是最差劲的下等人,论能力没有,可是脾气很大,自己不会做事,却对别人要求严苛。这种人无论是主管或属下,都不得人缘,到处不受人欢迎,所以是劣等人。

真正有能力的人,不是用脾气去领导别人,也不是用脾气去教导别人,而是以身教来领导人,以道德来感化人,以度量来包容人,这才是最有智慧的上等人。

四病致失

"有得有失"的人生是公平的,但是人总是希望有所得,不希望有所失。其实得失都有它的因果关系,既然不希望失去所拥有的,就不要造作失去的原因,自然不会有所失。造成失去的原因是什么呢?有四点说明:

第一,骄傲会失去礼节

人生最大的失败是骄傲,一个骄傲的人,往往自恃甚高,自以为了不起,因此目中无人,不把别人看在眼里,当然不会在意人与人应有的礼节。例如见了面,他不肯跟人点头打招呼,平时也不肯说好话、赞美别人,在人前人后永远是一副趾高气扬、不可一世的样子。这样的人自然不会有人欢喜和他在一起,日久不但朋友疏远他,做事也不会有助缘,所以骄傲必败,这是自然的道理。

第二,我慢会失去仁厚

贡高我慢的人,不但自己自高、自大,对别人往往也要求严苛,缺乏宽厚、仁慈之心,所以无形中在人际之间竖立了一道高墙,让别人不容易亲近他,他也走不近人群,因此佛经比喻"我慢如山高"。我慢会成为人际之间的障碍,乃至自绝成功之路,不可不知。

第三,发怒会失去人和

俗语说:"生气无好话",一个人生气发怒的时候,往往失去理性,忘记对人应有的尊重与包容,即使面对再亲的家人、再好的朋友,他也口不择言,不顾一切地给人难堪,以致亲情破裂,好友反目成仇。所以当一个人要生气的时候,最好能够"慢半拍",气就生不起来了;就如同唱歌,跟不上节拍,歌自然就唱不下去了。否则,东西打破了可以再买,人情破坏就很难再回复;如果因为一时生气而失去人和,事后才后悔,往往悔之已晚。

第四,欲望会失去品格

"拿人的手短,吃人的嘴软",一个人欲望太高,贪财、好色、好名、好利,经常有求于人,必然善于攀附权贵、逢迎拍马,甚至对人卑躬屈膝,失去做人应有的风骨。如此活得毫无尊严,生有何益?所以,做人要节制私欲,不要因为贪欲而失去品格,这是人生最大的损失。

人,有时候容易患得患失,在得失里面不得安心,所以我们要看淡得失。但是,对于可能导致自己失败,乃至失去人格的缺失,则不能漠视,而且要加以改正。

卷二 | 为人四要

一个人内在的道德、气质,
外在的形象、处世,
经常左右他一生的发展与人际关系。

为人四要

一个人内在的道德、气质,外在的形象、处世,经常左右他一生的发展与人际关系。假如过于自我设限、自我封闭,为人容易失败,没有未来;相反的,你为人健全明朗、思想开阔、广结善缘,必定"去处尽通"。为人处世的要素有哪些呢?以下四点提供参考:

第一,耳听他人意见

倾听是维护人际关系的一门艺术。历史上,关羽由于过于自信,不听他人意见而大意失荆州;诸葛亮在《出师表》中劝勉刘禅"咨诹善道,察纳雅言",就是希望他能亲近贤臣,听取正确意见。而近代有"日本经营之神"之称的松下幸之助曾说,他的成功要诀在于"细心倾听他人的意见",可见倾听的重要。学习倾听,不仅是一种耐心、让步和宽容,也可从中吸取经验、增长智慧。

第二,眼光广阔远大

一个人所以进步不大,大半在于眼光短小,只看到近处,看不到远处;只看到浅处,看不到深处。假如只是汲汲于眼前的利益得失,只顾小我而忘记大众,如此心量,纵然有成就,也是极为有限。孟子说:"孔子登东山而小鲁,登泰山而小天下。"当眼光广阔远大,胸怀大志,眼前的短视小利,又如何撼动我们的雄心壮志呢?

第三,身体勤劳力行

《长阿含经》云:"若不计寒暑,朝夕勤为务;事业无不成,至终无忧患。"《大智度论》也说:"如农夫勤修,所收必丰实;亦如涉远路,勤行必能达。"此皆说明身体力行的重要。为人力行勤劳,不论读书、做事会有成就,人品、道德也必定能受人敬重。

第四,心意灵巧通达

一个灵巧通达的人,做事上懂得顾全大局,委曲求全,处事上能够明白事理,知道进退,在与人相处上,懂得为人设想,尊重他人。这样的人,怎么不会获得人缘,受人重用呢?因此,学习心意灵巧通达,实在是为人处世的关键。

一个人能接受他人意见,具有远大眼光,能够勤劳耐苦,懂得灵巧通达,他的心灵会有一番体悟,生命也必定有不断的活水源头。

待人四不

在我们平常接触的人群里,或是相交深厚的朋友当中,有一些人总给人如沐春风一般,欢喜亲近,有的人则令人望而生畏,不敢恭维,甚至相处一回之后,就永远不想再见面了。人,总希望给人怀念,不要给人怀恨;要想留给人好的印象,就不得不注意平时待人的态度。有一个"待人四不",提供参考:

第一,慈悲关爱,不望回报

任何的赞美、恭维,都不及在苦难时接受到别人的关怀,因此做人要不吝将慈悲、关怀给人。但是所谓"施人之恩,不发之于言;受人之惠,不忘之于心"。当别人有恩于我,虽受一分的恩惠,也要回报百分的心意;反之,如果我曾对人付出一点点的关怀,不但不图回报,甚至不足挂怀。一个施恩望报的人,难免给人沽名钓誉之嫌;能够对人付出关爱而不望回报,才是真正的慈悲。

第二,宽容谦让,不生瞋恨

人生最大的修养是宽容,能以宽容谦让之心待人,别人或许有得罪你、冒犯你、对不起你的地方,你都能以体谅、慈悲之心包容他、原谅他,如此自然不会生起瞋恨、怨尤之心。一个人能够待人少怨尤,做人自然会圆满。

第三,分别抉择,不可愚执

佛经云:"法无善恶,善恶是法。"又说"烦恼痛苦都是从妄想分别而来"。尽管在出世间法的理上说,一切法不生不灭、不一不异、不断不常、不来不去;但是,从世间法的相上看,事情有大小、好坏、轻重、善恶,所以我们要抉择什么能做、应做,什么是不能做、不应做。有了权衡轻重、辨别是非、认识善恶的能力,就是明理,就是智慧,否则就是愚痴,就是无明。明理可以判断是非,智慧可以分别善恶;是非善恶,为人不可不辨也。

第四,谦恭柔和,不能傲慢

向尊长谦恭是本分,向平辈谦虚是和善。一个人能够对人谦虚、恭敬而不傲慢,一定能留给人温和、有礼、慈悲、亲切的好印象,并且乐于亲近、敢于亲近。所以,能以谦恭柔和待人,自然可以广获善缘。

推己及人的恕道,是待人行事永不变易的定理。平日待人处事,如果不将别人的短处视为缺失,而抱持"结缘,不结怨"的态度,容他、耐他、化他、度他,待时机成熟时,一定可以获得对方的尊重。

待人四要

人,大都同时扮演着多种不同的角色,例如是儿女,也是父母;是属下,也是主管;是师长,也是朋友;甚至是爱人,也是仇敌。不管身属哪一种角色,待人都要以真以诚,都要有情有义,都要有雅量、有包容。"待人四要",就是待人的四个要诀:

第一,对待爱人要有真心

世界上当然有很多是我们所爱的人,例如父母、妻子、儿女、兄弟、朋友,甚至领袖、长官。如果他们是你所尊敬、所爱戴的人,你要付给他们什么?要有真心。人生在世,钱虽然很重要,但并不是绝对万能的,有钱可以买得到群众,却买不到真心。所以当你希望得到别人的真心相待,唯有先以真心待人;你对人虚情假意,别人也不可能对你真心诚意。所以,待人以真心,这是待人的第一要。

第二,对待好友要有义气

你有好朋友吗?你怎样对待你的好朋友呢?好朋友不能只有金钱上的往来,朋友虽然有通财之义,但朋友更难能可贵的是互相规过劝善,彼此提携,互为镜子。当朋友遭逢困难,你能输家毁难,固然是义;平时勇于劝谏,导向善道,更是义不容辞。所以对待朋友,重要的是要有义气;朋友相交,彼此讲义,比得到财富更为可贵。

第三,对待后进要有雅量

身为主管,对部属要供养好因好缘、供养和颜悦色、供养慈悲爱护。主管平时不能做老大,不能高高在上,对待后进要有雅量。有雅量者,后辈有时讲错了话,你要有雅量包容他;后辈难免做错了事,你要有雅量原谅他。总之,他是后辈、是后进,他还在学习期间,如果你没有雅量包容他、指导他,自己也愧为长辈。所以身为长者、主管,要有雅量提拔后进,不能妒贤害能,这是最好的供养。

第四,对待敌人要有包容

所谓敌人者,商场上有利益冲突的敌人,政治上有政见对立的敌人,工作场中也有打击障碍你的敌人。面对各种立场、利害、主张不同的敌对之人,都要有包容心化他、摄受他。能以包容心化敌为友,不但少了一个敌人,而且多了一个朋友,日后他也可能成为你成功立业的助缘,所以,对待敌人要有包容心。

有形的财富有限,钱财并不一定能解决问题;能以慈悲待人,会让对方毕生难忘。

做人四原则

做人要"不变随缘",但是随缘并非随波逐流,所以做人也要懂得"随缘不变",也就是要有不变的原则。做人应有的四个原则,提供参考:

第一,礼为处事之本

礼,是人际关系的规范,合乎伦理,就是有礼。有了礼节的规范,人与人之间比较能保持良好而恰当的关系,所以,礼是人和人之间相处必要的条件。礼貌的养成,要从小教育起,从小在父母师长教育下,人知道有尊卑、长幼之分,这就是有礼。有了礼貌,就有规矩,有了礼貌,待人处事就不会逾矩。

第二,义为待人之方

義,从字形上会意:"羊"有美善之义;一己(我)所表现的美善,就称之为"义"。如孔子说:"君子义以为质",做人要有义,有情有义的人,对物"义然后取",对人对事更是"见义勇为"、"义无反顾"、"义不容辞"。所以义气是待人之方,不讲义气的人没有朋友,人要有义气才尊贵。

第三,廉为应世之道

廉者,品行方正也。为官廉明才能爱民,做人廉洁才会爱己。

以清廉应世,即能不贪;不贪,自然不会因利之所趋,而做出有害人格操守的事,做出不利社会人群的行为,所以,廉为应世之道。

第四,耻为修养之妙

耻者,羞愧之心也。人而无耻,如树无皮;人能知耻,如穿华服。羞耻之心,是人所以异于禽兽的地方;人若无耻,则无恶不作,失去人格,其与禽兽何异?所以做人要知耻,耻有所不知、耻有所不会、耻有所不净。一个人如果没有惭耻之心,永远不能进步;没有羞愧之心,永远不能成功。所以"知耻近乎勇",能知耻辱,必成大器。

做人要平淡而不平凡。平淡者,要平易近人,虚怀若谷;不平凡者,对道德人格、义利成败要看得清楚,要有所为,有所不为。

做人四不可

做人要与人为善,做人要从善如流,做人要乐善好施,做人要广结善缘。凡是对人有益的好事、善事、美事,我们都应该尽量去做;反之,如果于人有害的事,即使有利于己,我们都应该断然拒绝,这是做人应该有的道德良知。做人有四不可,提供参考:

第一,不可以趁火打劫

人性有善恶的两面,在面临灾难时最容易看得出来。有的人见人危难,奋不顾身加入抢救;有的人袖手旁观,一副事不关己的态度;有的人不仅作壁上观,甚至趁火打劫,发灾难财。试想,当别人发生困难,你还觊觎他的钱财;当别人发生不幸,你还落井下石;当别人跌倒,你又再踹他一脚。如此顺势欺人、趁火打劫的小人行径,岂不可耻?所以,做人不可以趁火打劫。

第二,不可以雪上加霜

俗语说:"济人须济急时无",当一个人口渴时,送给他一杯白开水,胜于平时的一杯鲜果汁,所以做人能"雪中送炭",远胜于"锦上添花"。但是现在社会上肯"雪中送炭"的固然有,"雪上加霜"的也不在少数,例如一些残疾人靠着卖彩券,自力更生赚取微薄的生活费,却被恶霸勒索、诈骗,致使血本无归,家计无着,如此岂非"雪上加霜"。所以,有能力济人燃眉之急固然好,不能的话,至少不能"雪上加霜",陷人于绝境。

第三,不可以因噎废食

人的成功与失败,往往几率各半,就看各人有无智慧与毅力去突破困难。有的人做事稍稍出了一点问题,他就停下不干,这种人"因噎废食",就如小孩子学走路,因为跌倒一次就停止,如此永远只能在地上爬。所以做事碰到困难,应该研究问题症结所在,然后加以解决,而不是因噎废食,否则只有饿死一途。

第四,不可以因人废言

"广开言听""察纳雅言",这是一个成功领导者不可以少的心量。但是有的人听话是有选择性的,例如专家、权威、长官,或是亲信的话才能入耳,对于属下或名不见经传的人所作的建言,总是充耳不闻。所谓"人微言轻",其实也不尽然,"愚者千虑也有一得",所以听话应该着重于这句话有无建设性,有无启发性,千万不能因人废言,才不会有遗珠之憾。

做人要厚道,不可以乘人之危;做人更要有智慧,不可以事理不明。

做人四要(一)

《新唐书·裴行俭传》云:"士之志远,先器识,后文艺。"古人修身治学,首重做人的度量与见识,期许达到大仁、大智、大勇的境地。我们都不是一出生就能把人做得圆满的,无不是一次一次经验和智慧的积累。如何积累?以下有"做人四要":

第一,要以益任事

不论从事任何工作,要能利益他人。当官者,要以人民的利益为重;在家庭,办事要对家人有益;交朋友,要时时想到给朋友利益。一如《优婆塞戒经》云:"不念自利,常念他利,身口意业所作诸善,终不自为,恒为他人。"自己若得到好处,也应抱持十方共有的观念,如此才能成就善因好缘。

第二,要以谦防傲

傲慢、自负者,其格局、度量必不大,容易丧失许多宝贵的因缘,改进之道,唯有谦虚。有人问禅师:"宇宙有多大?"禅师回答:"五尺高。"此人不解地问:"多数人皆超过五尺呀,又当如何?"禅师说:"所以凡事不得不低头啊!"意思是我们平时处事对人,在语言、态度上,必须谦虚为怀,不可傲慢自大,方能所向尽通。

第三，要以学启智

学习，是开启智慧、增广见闻的途径。所以孔子说："人非生而知之，乃学而知之。"学生学习，增加学力；技术师学习，增强技能；修行者学习，增长道业。不论哪一行业，都需不断学习，才能不断增加智慧。程颐说："进学在致知"，唯有增进学识，方能将知识推上极致。我们立身社会，怎能不广泛学习呢？

第四，要以守自安

做人要守道、守节、守法、守信、守分，有了美好的道德，如同一道围墙能保全自己的行为和名声。创业之际，守得住艰难，则成功在望；与人为友，守得住道义，就不至人格扫地；修道者，守持戒律，才能趋向正道。乃至"守口如瓶"者，令人信赖；"守住岗位"者，受人重用。因此，守得住这许多内在的涵养德行，人生就能如履平地般安全坦然。

《菜根谭》云："做人无甚高远事业，摆脱得俗情，便入名流。"做人不一定要成就轰轰烈烈的事业，才称得上成功，凡事利人、处事谦虚、不断学习、守住道德，就是上等之人。

做人四要（二）

做人，总想得到利益、得到好处、得到平安、得到顺利。那么怎样做人，才能所求如愿呢？有四点看法：

第一，做人要利好邻

所谓"居要好邻，行要好伴"，你要有好邻居，才能得到平安。过去"孟母三迁"，孟子的母亲为什么要一再搬家？就是为了让自己的孩子有一个良好的读书环境，接受善美的熏陶，培养高尚的人格。现在的父母也常常为了子女，希望选择一个好的社区，所以懂得好邻居的重要，平时就应该好好敦亲睦邻。

第二，做人要安好友

朋友对一个人的一生，常常占有举足轻重的地位，交朋友是很重要的。但是结交什么样的朋友才好呢？儒家所谓"友直、友谅、友多闻"，所交的朋友要很诚实耿直，要有学问道德；不但博学多闻，而且善良厚道。平时能相互勉励向上，彼此规过劝善，尤其对于我的无心之过，能够包容、不计较，这就是值得结交的朋友。

第三，做人要读好书

书跟人一样，人有益友有损友；书也是有善书有恶书。过去讲

"开卷有益",但是现在有的八卦书籍、黄色书刊,读了不但没有利益,反而引人误入歧途,所以读书要选好书。最好的书籍是有益智性的书,有励志性的书,读了能给人增进品德,增长知识,才是好书。

第四,做人要行好事

做人,要以有限的生命,追求无限的永恒,要创造自己生命的价值,所以平时要多做好事。举凡对人有利益的事情,对社会有利益的事情,对国家有利益的事情,对大众有利益的事,我都尽力去做。从工作、服务中,散发生命的能量,不但利人,同时利己。

做人四则

身而为人，我们存在的价值是什么？就是圆满人生。如何圆满？首重"做人"之道。父慈子孝、兄友弟恭、夫妻敬爱、朋友交心……这些不仅是人伦之理，也是做人之要。做人，要心性真善美，行为正而不斜，才能进入圆满的境地。做人有四点准则：

第一，不鲁莽而谨慎

谨慎是很好的人生态度。《大般涅槃经》说："谨慎无放逸，是处名甘露；放逸不谨慎，是名为死句。"处事谨慎，做事才不会失败；说话谨慎，才不致造成误会；思想谨慎，才会拿捏分寸，懂得进退。生活处处谨言慎行而不鲁莽，方可免去失足之恨。

第二，不糊涂而理智

大凡成功者，无不以理智的头脑来处人处事。理智，是一种心灵清明的状态，让我们不论处在任何情境，都能保持冷静而不糊涂。人一旦糊涂，就容易迷失方向，随情绪左右而任意行事，陷入混乱的境地。将相带兵，理智判断，可以赢得一场战争；从商者，理智沉着，可以成就一番事业。理智而不糊涂，便能让自己走向成功。

第三，不欺瞒而坦诚

坦诚的心，最为可贵。凡事应该讲清楚、说明白，若一味地欺瞒蒙骗，不但无法解决问题，反而遭人诟病。《大方广佛华严经疏》说："言行，君子之枢机，苟能诚实，斯则可法。"做人处事，能以坦诚的心面对一切，自能"不愧不怍""俯仰无愧"，无所畏惧了！

第四，不奸诈而正直

正直，就是言行一致，忠于自己。《净名经》说："直心就是道场，直心就是净土。"心不歪曲、不谄媚、不奸诈，就是正直，就能坦荡。唐贞观年间的谏议大夫魏征，性情刚正不阿，曾于《十渐不克终疏》里，直指唐太宗的过错与过失，太宗不但没有治他的罪，还以贤士善待。所以，做人不奸诈而正直，终能获得别人的信任，并且欢喜亲近。

为了圆满我们的人生，处事上要谨慎、理智；待人则应坦诚、正直，唯有如此，才能获得他人相同的对待。

最怕四事

人皆有所畏,有的人怕暗,有的人怕苦,有的人怕痛,有的人怕死。也有人说,战争最可怕,因为刀枪子弹不长眼睛;更有人说,天灾地变最可怕,因为水火风灾最是无情。其实,世间上最可怕的不是外来的暴力;外境不可怕,最可怕的是自己。为什么自己最可怕呢?有四点说明:

第一,贫穷不可怕,可怕的是没有才能。

俗语说"一钱逼死英雄汉",贫穷有时的确会让英雄气短,但所谓"人穷志不穷",只要自己有才智,肯努力,终有鲤跃龙门、扬眉吐气的一天。反之,一个人最怕的是自己没有才能,既无一技之长,又不肯勤劳奋发,如此不但贫穷很可怕,即使家财万贯,也有坐吃山空的一天,所以贫穷不可怕,可怕的是没有才能。

第二,卑贱不可怕,最怕的是没有志气。

佛经云:"众生皆有佛性";佛性既然人人本具,本不该有贵贱之分,然而凡夫众生总要从人的出身、职业、求学经历来分个高低、贵贱。佛陀时代的古印度便有四姓阶级之分,在佛陀的弟子中如尼提、优婆离,都是人称贱种的首陀罗,然而他们并不因此而丧志,或是自怨自艾，反而在跟随佛陀出家后，精进修道，终于证果成圣。此即所谓"英雄不怕出身低，自古将相本无种"。一个人只要有志气，就有力量脱困而出；反之，不立志，终将一事无成，所以卑贱不可怕，最怕的是没有志气。

第三，疲累不可怕，最怕的是没有毅力。

人的体力有限，长时间工作难免有疲累的时候，所以要适度地休息。所谓休息，是为了走更长远的路，一个人不怕一时的疲倦，最怕的是在工作上遇到挫折，从此灰心丧志，觉得自己疲倦了，没有力气了，失去了上进的毅力，因而一蹶不振，此即所谓"哀莫大于心死"。当一个人无心于事，甚至对自己失去信心的时候，这是很可怕的危机；反之，只要有心，就有力量，就能继续向前走，所以只要有毅力，疲累不可怕。

第四，慌乱不可怕，最怕的是没有仪制。

人在遇到突如其来的事情时，最能看出一个人的定力、修养，有的人遇事容易紧张、慌乱，有的人即使生命攸关之际，他都不露声色。东晋时代的谢安，三国时代的诸葛亮，他们在大军压境时，依然气定神闲，指挥若定，实非一般人所能及。不过，遇事忙乱、慌张都还不要紧，重要的是要有自我安定的力量，自己要有仪制，不能慌张出丑，甚至失去风度，否则自己定力、涵养不够，难免遗人笑柄。

人，不一定要当天下无敌的勇者，但绝不能做一个被自己打败的懦夫。

涉身四难

有一个哲学家说,宇宙只有五尺高,六尺之躯的人身想要在其中生存,就必须懂得低头。此中说明,人要想顶天立地于天地间,难免会有一些境界觉得难以过关,姑且称为"涉身四难"。有四点说明:

第一,立身以无愧为难

做人能"仰无愧于天,俯无怍于地",这是君子不同于小人的德行,所谓"君子坦荡荡,小人长戚戚"。然而一般人生存于天地之间,真的都能做到问心无愧吗?例如对国家社会善尽义务了吗?对父母长辈善尽孝道了吗?对家庭眷属善尽职责了吗?对朋友里人都能有情有义吗?甚至对不相识的人乃至对宇宙万物,都能慈心对待,不留愧憾吗?能够如此,庶几无愧于人。

第二,守身以无污为难

玉无瑕疵,故能为人所珍藏;人无污点,才会被人所尊敬,因此做人要洁身自爱,要守身如玉。然而一般人在社会上做事,与人相处,真能一点污点都没有、一点过失都没有吗?例如做官不贪污、临财不苟得、见利不忘义、遇难不变节,这都要有相当的修养与定力才能做到。尤其社会本身就是一个大染缸,要想涉身其间而不同流合污,并非容易,何况要出淤泥而不染,又有几人能够做得到?所以守身无污确实不容易。

第三,保身以无罪为难

过去儒家学者常说"达则兼善天下,不达则独善其身"。有的人虽然善于"明哲保身",一直用心在保护自己,不让自己违反道德、违反法律、违反公论。只是从佛教来讲,凡夫众生起心动念,无非是业,无非是罪。在无形的起心动念中,如何确保自己念念清净、念念不起非法、念念不去造作罪业,这才是保身之道。

第四,安身以无恼为难

人在世界上生活,总要为自己找一个安身立命之处。有的人以功名为求,有的人以金钱为重,有的人以爱情为寄托,有的人以事业为目标。不管把身心安住在何处,都难保不起烦恼。

因为有所住,就有得失好坏,有了得失之心,一旦达不到预期的理想,自然生起懊恼,有了懊恼,即非安身之道,所以说安身以无恼为难。

做人要想求全,并非易事,所以,在很多为难的情况之下,我们自己要尽量做到无愧、无污、无罪、无恼,这是非常重要的。

为人四不

现代人相当重视人际关系的处理,包括亲子、夫妻、朋友、职场、师生之间等等,社会上也提供了各种人际、情绪管理训练。所谓"有缘千里来相会",和人相处,彼此就是有缘分。如何经营一份好缘分,有以下四点:

第一,不亏人

人与人相处,难免有所不公与欠缺,在吃亏时不计较,可以积累人生的经验;从吃亏中不比较,可以学会处世的退让。鲍叔牙肯吃亏,不但交到一位好朋友,自己也流芳万世;哲学家苏格拉底临终前,犹不忘记亏欠邻人一只鸡尚未偿还。一般人大都不愿意"吃亏",其实喜欢占便宜的人,到头来是真正吃亏的人。

第二,不昧心

任何人可以天不怕、地不怕,但不能不怕自己的良心,不能不怕因果报应。古德云:"诚者万善之本。"无论做什么,纵使不能事事尽如人意,也要无愧于心。有些人昧于事理,为了个人私欲,不惜牺牲大众利益,一旦让人失去信任,自然没有立足之地。因此,待人处世要不昧良心,才能活得心安理得。

第三，不欺瞒

现在是讲究"透明化"的时代，凡事要能摊在阳光下，经得起别人的检视。古人有"君子不欺暗室"之教，曾子也云："十目所视，十指所指，其严乎。"一个人有"事无不可对人言"的坦荡胸怀，不论临众或独处，都能光明磊落、表里如一，没有半分伪装巧饰，心地质直无曲，就能够得到大众的信赖与尊重。

第四，不遮掩

人都会有所期望与追求，正当的欲求是被允许的。孔子言："君子坦荡荡。"君子行事不遮掩，即使犯错也不怕人知，因为他们有心改过，甚至庆幸他人知道，以此警惕自己不能蒙混过关，自我欺瞒。因此，即使是一个平凡人，如果他的思想行为有如朗月入怀，光明彻见，所行所欲，没有什么不可告人之处，自然有他的人格与修养。

所谓："勿计得失，应计善恶；勿计成败，应计是非；勿计贬褒，应计心安；勿计收获，应计耕耘。"为人之道要能知理、知事、知人、知情，不必患人不重己，应患己不重人。只要自己人格上养深积厚，人际间广结善缘，坚守分际，自然会获得别人的尊重。

念佛四利

念佛是最容易的修行方法,有人念本师释迦牟尼佛,念消灾延寿药师佛,也有人念观世音菩萨或地藏菩萨,但最多的还是念阿弥陀佛。我们看到不管老年人、年轻人、小孩子,周六都会到寺庙共修念佛,甚至还要参加"打佛七"法会。当他眼睛闭起来念"阿弥陀佛……"有什么意思吗?主要我们容易胡思乱想,借由念佛,可以让我们集中意志、统一精神,用正念对治妄念,把妄心息下来。念佛也等于念自己的心,你不断念,念到最后,会把心念得明白起来,念得清净起来,会明白自心是佛,即佛即心。念佛的好处说不尽,以下四点说明:

第一,诸佛守护

我们念佛,佛会守护我们。《阿弥陀经》说:"是诸善男子、善女人,皆为一切诸佛之所护念,皆得不退转于阿耨多罗三藐三菩提。"念佛的人,受到诸佛力量的护念、加持,所以心中会有力量,不会恐惧,不会退转。

第二,常遇善友

所谓"爱人者,人恒爱之,敬人者,人恒敬之"。《佛光菜根谭》

也说:"念佛时,自己心念专一,是自受用,他人看了起信,是他受用。"所谓"物以类聚",由于你念佛,想到的都是好人,内心清净,和气迎人,善良的朋友自然会跟你在一起。

第三,福慧圆满

佛经云:"念佛一句,罪灭河沙;礼佛一拜,福增无量""一称南无佛,皆共成佛道。"一句佛号,它包含无尽意义,忆念诸佛万德庄严,里面有无限福德智慧。所谓"一句佛号的舟航,能载罪障,不落轮回苦海;一句佛号的内容,包含三藏十二部经典,是智慧的明灯"。你不断地念,会念出福慧圆满的人生。

第四,命终欢喜

《宝积经》云:"高声念佛,魔军退散。"念佛的人,心无怖畏,正念现前,不会怕下地狱,或堕落到畜生、饿鬼道。老的时候,念佛可以打发时间;临命终时,西方极乐净土现前,会得到安慰、得到欢喜。

所以,白居易有一首诗偈说得好:"余年近七十,不复事吟哦;看经费眼力,作福畏奔波。何以慰心眼? 一句阿弥陀;早也阿弥陀,晚也阿弥陀。纵饶忙似箭,不离阿弥陀;达人应笑我,多却阿弥陀。达又作么生? 不达又如何? 普劝法界众,同念阿弥陀。"养成念佛的习惯,念佛的利益和价值,生的时候也会受用得到。

一个有修持的人,会把"念佛"与生活融合在一起,绵绵不绝的佛号,就如喝水、吃饭、睡觉、刷牙、盥洗一样自然。如此一来,当下就会获得念佛的利益。

四恩总报

人要知恩图报。一个不懂得感恩的人,即使家财万贯,他仍是个贫穷的人;懂得知恩报恩,才是天下最富有的人。俗语说:"喝水不忘开井人",乌鸦尚且知道反哺,羔羊也懂得跪乳,人怎能不知感恩图报呢?佛教有谓"四恩总报",就是告诉我们有四种恩不能不报,也就是:

第一,父母养育之恩,要孝敬以报

父母恩重,山高水深,《诗经》以"昊天罔极"来形容父母如苍天般广大的恩德,难以回报;《父母恩重难报经》也提到父母的十种恩德,浩瀚至极。对于父母的恩德,我们要如何回馈呢?报答父母恩有三个层次:所谓"生、养、死、葬",这是属于初级的孝顺;光宗耀祖,使父母光彩愉悦,算是中等的孝顺;引导父母趋向正信,远离烦恼,让父母宗亲得度,永断三途之苦,这才是最高层次的孝顺。

第二,师长教导之恩,要正行以报

师长苦心教导我们,让我们知书达礼,让我们接受正法,我们要如何回报呢?要以"师志为己志""师心为己心",要做一个正正当当的人,要做一个对社会有益的人,要将师长所教导的学业,充分发扬光大,甚至"青出于蓝,更胜于蓝",如此才能报答师长的教导之恩。

第三,国家护卫之恩,要忠爱以报

国家是我们的根,提供我们生存的环境,保护我们生命、财产的安全。有国家我们才有人权,有国家我们才能安身立命。国家设立学校、美术馆、博物馆、国家公园等,让我们有学习知识、陶冶性情的场所;设立医院、道路、法律、军队等,让我们的健康、生存有保障。所以我们要忠心爱国,要发心为国效命,以此来报答国家的护卫之恩。

第四,众生成就之恩,要回馈以报

人之所以能安然地在世间生活,是因为一切众生的相互成就,我们的生活周围,没有一样不是取之于大众。如农夫种植米麦、果菜,让我们生存;工人建造房子、桥梁道路,供我们使用;商人经营企业,满足我们的日用所需;纺织人员缝制衣物,让我们寒暑适宜;新闻人员贡献信息,让我们能知天下事;甚至公共汽车的驾驶,都给予我们交通便利之恩。所以我们应该回馈社会,以报答众生成就之恩。

人要有感恩心,才懂得回馈社会;有感恩心的人,才能知福、惜福,感恩是人类最珍贵的美德。

人体四大

常有人问:"人是怎样形成的?"回答这个问题,要从佛教讲的"四大"说起。

佛法讲,人是假"四大"因缘和合而形成的,"四大"就是地、水、火、风。世间上无论什么东西,都是地、水、火、风等四种因缘所组成。例如建筑一栋房子,钢筋、砖瓦、水泥等坚硬性的东西如"地";水泥需要水的搅拌才能凝固,所以水泥有潮湿性的东西如"水";钢筋需要高温熔铸,才能成钢,所以钢筋有燥热性的东西如"火";砖瓦不但要经过窑烧,还要风化才能成砖成瓦,所以砖瓦有流通性的东西如"风"。

即使是一朵花,也需要有土壤、水分、阳光、空气等因缘助成,花才能开放,所以花也是由地、水、火、风所成就。

人,经由地、水、火、风等"四大"因缘和合而成,因此称"人体四大",就是:

第一,骨肉毛发坚硬性如"地":人体的毛、发、爪、齿、皮、肉、筋、骨是坚硬性的,这是"地大"。

第二,唾涕便溺潮湿性如"水":人体的唾涕、脓血、痰泪、大小便是潮湿性的,这是"水大"。

第三,体温暖气燥热性如"火":人体的体温热度是燥热性的,这是"火大"。

第四,气息呼吸流动性如"风":人体的一呼一吸是流动性的,这是"风大"。

人之所以能生存,就是因为四大和合,如果身体有一大不调合,就会呈现病相。所以"缘聚则成,缘散则灭"。

当然,人是由父精母血为缘,生下我们这个四大和合的身体。既然是因缘合则成,因缘灭则散,因此讲"四大皆空"。但是这个"空"并不是"没有";空,有时候是一种存在的意思。空,是包容的,空,是建设有的意思;因为空,所以"空中生妙有"。比方说,房子是空的,人才能居住在里面,所以"空"才能生"有"。

因为本来没有这个人,四大因缘一和合,不就有人的存在了吗?"四大皆空"就是说,地水火风这四大种的元素,他不能独立存在、不能个体成就,他是假因缘和合才成的。

四知应学

人生是一连串永无止境的学习,对于世间一切学问,我们要有渴求的心态,要有"活到老,学到老"的精神。所谓"法门无量誓愿学",人应知的学问太多了,在千知万知当中,每个人基本上应该知道的有"四知"。对于"四知应学",有四点意见:

第一,人能知"道",则不自矜

人在世间生活,必先知"道";"道"就是真理,"道"就是我们的路。自古大道在于"理",所谓"有理走遍天下,无理寸步难行";理不通,道不懂,就是愚昧、就是糊涂、就是无明。不明"道理"的人,常常自以为是,因此自负、自夸;能知"道",才知谦虚,才不自矜。

第二,人能知"义",则不贪取

人能知"道",还要知"义"。宇宙间的各种学问、各种事业,凡事、凡物都有其意义在其中。一个人对于事物的义理都能深究、都能知道的话,就不会自觉我有所得。因为"道"充满了宇宙世间,"义"则平等无所不在,所以知"义"就不会有"我所有"的观念,便不会贪取。

第三,人能知"德",则不沽名

君子养德,小人养威;有德之人,人必尊之。中国儒家倡导

"礼、义、廉、耻""忠、孝、仁、爱、信、义、和、平"等四维八德;乃至佛教的五戒十善、四摄六度,都是合乎人间的道德。有了人间道德,就不会任意侵犯别人,更不会胡作非为;有了道德心的人,凡有所做,但为利益他人,不计一己得失,自不会沽名钓誉。

第四,人能知"学",则不荒嬉

世间的学问,各种技能、各种知识,终其一生,真是"活到老,学不了"。人所应该学习的领域实在太广了,因此现在社会提倡"终生学习";能够把社会当成一所大学,不断地学习,不断地吸收新知,人生就不会荒废、虚度。

知,是了解、是明白。人生最大的悲哀是无知,是不明理;不能认清世间实相,不能明白因果道理,不能圆融人我关系,不能了知众生同体,这是人生最大的悲哀。

人当四思

"我思，故我在"！人因为有思想、有意志，所以会有种种的行为造作。思想是行为的动力，思是因，行是果，一个人如果思想不正确，行为自然产生偏差，因此凡事要"三思而后行"。平常眼睛所看、耳朵所听、嘴巴所说、身体所做，更要谨慎思维，千万不能乱看、乱听、乱说、乱动，否则往往招致无妄之灾！是故"人当四思"，有四点意见：

第一，目欲视，当思其邪与正

眼睛是灵魂之窗，透过眼睛才能欣赏五彩缤纷的美丽世界。但是"五色令人盲"，因此当眼睛要看东西时，必先思维应看不应看。所谓"非礼勿视"，不应该看的不要看，对你没有帮助的不去看。尤其现在台湾社会治安不好，有时候随便乱看，看得不当，对方可能捅你一刀、给你一拳，这是很危险的。所以目欲视，当思其邪与正。

第二，耳欲听，当思其是与非

"此方真教体，清净在音闻"，娑婆世界的众生，耳根最利，透过耳闻每日接收来自各方的信息。但是有时不当听而听，也会听出烦恼来。所以当耳朵要听声音时,应该先思考这个话能听不能听,适不适合自己听,所谓"非礼勿听",千万不能不分是非好坏,不管青红皂白,一味地好奇乱听。有时就算听到了,也要思其是与非,不可一味地听信。

第三,口欲言,当思其可与否

人生七窍,眼、耳、鼻都是成双,唯有嘴巴只有一个,表示做人要多听少讲。即使有话要说时,也应思其可说不可说?所谓"非礼勿言",可以说的话多说几句,无关紧要;不可以说的话,一句也不轻易出口,否则"祸从口出"。因此,话不能乱说,欲说当思其可与否。

第四,事欲决,当思其利与弊

凡事在做决定之前,应该理智地慎思后果是利是弊,有利于人的事,尽管受人奚落、揶揄,也要尽力去做;反之,于人有害,再多的理由也不能从事。有的人决定事情,但凭一时的情绪冲动,结果害人害己,所以事欲决,当思其利与弊。

人因为有思想,故能开发智慧,因此佛教云:"以闻思修而入三摩地"。当思想到了极致,就是开悟。

四不长久

佛教讲"诸行无常",世间的一切随时随地都在生灭变化,因此世界有成住坏空,人身有生老病死,心念有生住异灭。世间的一切都不能久长,所谓"世事无常",你能认清这个实相,则处顺境时不会太得意,面对失败也不会太挂碍。因为你能明白这是世间不变的真理,就会有力量重新出发,所以我们对于人生"四不久长",应该有所认识:

第一,人我毁誉不久长

人家称赞我、毁谤我,不必太过计较,一切的毁誉,不会永远存在。陶觉说:"闻誉勿喜,且虑其或无;闻毁勿怒,且虑其或有。"我们面对指责,只要能改过,或是问心无愧,毁谤与批评很容易就会过去;面对赞美,只要你懈怠,或是没有增加新知,称赞与荣耀很容易就会被他人取代。因此称讥毁誉,都是缘起缘灭,不会长久。

第二,人情浓淡不久长

人情的厚薄浓淡,不必太在意,世间之事随时随地、随着因缘在改变,因此人情是不可能不变的。俗语说:"世事如棋,局局新",只要能把握当下的因缘,好好与人广结善缘,今日的美好就是明日永恒的回忆。如宋代词人朱敦儒说:"片时欢笑且相亲,明日阴晴未定",真是一语道尽世情。

第三,人世盛衰不久长

人世间有时候兴盛,有时候衰败,这些都是一时的现象,不要太过挂碍,也不要太过计较,因为这是不久长的。以经济来说,繁荣、衰退、复苏、萧条,都是周期性的正常循环现象;以政治来讲,改朝换代是人间常有的事;以国运而言,荣枯盛衰是人世之常情。因此,一时的胜利,如果不继续用心,则会守不住;衰败了,如果能再努力,就会更好。所谓"塞翁失马,焉知非福",碰到挫折而能以乐观之心勇敢面对,则"山穷水复疑无路,柳暗花明又一村"。所以面对无常,要从积极面去思考,这才重要。

第四,人心爱憎不久长

世间的友情、爱情,有时欢喜有时悲,面对这一切的爱憎,不要太计较。看看历史上,有些被皇帝宠幸的贵妃、皇后,有时不小心触怒皇帝,一声令下就可能被拖出去斩首。再好的夫妻,恩恩爱爱大半辈子,也会因为一点口角而离婚。所以人情是变化无常的,面对人心爱憎的无常变易,无需患得患失,因为这是人之常情!

世情总在无常变化之中,我们要在这不久长的世事里找到个人的安身立命之道,唯有认清、接受世间的无常之理,能从"诸行无常,诸法无我"进而获得"涅槃寂静",这才是最重要的。

四不非礼

儒家对礼的看法,有谓"非礼勿视、非礼勿言、非礼勿听、非礼勿为"。佛教讲六根不能随便放逸,例如眼睛要慈眼视众生;耳朵要善听、全听、谛听;语言要说善良的语言、真实的语言;身体不可以杀、盗、淫、妄,这也是佛教对"礼"的自我修行。关于"四不非礼",有四点说明:

第一,非礼不视,其目自明

对于不合礼的、不善的、不应看的,我不看。如史搢臣说:"入人私室,勿侧目旁视",这就是对于非礼的、不是我所有的,我不但视而不见,甚至没有想看的心。如此不但心地清净,让眼睛所见皆是善良,其眼必能明亮,更能以慈眼视众生。

第二,非礼不听,其耳自聪

我们的耳朵要听世间美好的声音,但是,一般人总喜欢听别人不知道的"八卦"消息。除此之外,还喜欢听别人对我的吹捧、逸言,这些声音就像包着糖衣的毒药,让自己萎靡堕落。古德们"闻功则惧、闻过则喜",是让耳朵听真实之语,并欣然改过,所以我们不要听闲言,不要听是非,不要听粗言恶语,如此耳朵就会清净聪颖。

第三，非礼不说，其口自清

毁谤、讥讽、恶口、妄语、两舌等，不合礼的语言我不说。孙子说："赠人以言，重如珠玉；伤人以言，甚于剑戟。"话一讲出去就像一把无形的刀子，使用不当则必伤人于无形。所以，我们要谨言慎行，不说粗恶、虚妄、沮丧、过头的话；而应该说慈悲、诚实、鼓励、谦虚的语言，如此口舌自然就会清净。

第四，非礼不为，其身自定

孟子曰："善养浩然正气"，就是"礼"的养成。不合礼的事我不做，比方说杀生、偷盗、邪淫等不善的行为不做，如此自然身能安稳，进退得宜，行止合度，浩然正定之气自然养成。

孔子所谓的"克己复礼"，就是要做好自己的本分，不逾矩、不越本分，才是"礼"的表现，否则就是无礼。人若无礼，则与禽兽无异，因此"四不非礼"，人皆应知、应行。

生命四依

渡河要靠船筏,登高要靠阶梯。人从小就要依靠父母的养育,社会大众等诸多因缘的成就,才能生存在世间。但是依靠外界的帮助,所谓"靠山山倒,靠人人老",因此人生最大的依靠是自己,自己有信心、有智慧、有慈悲喜舍之心,才是最有力的依靠。"生命四依",有四点说明:

第一,以信心为手杖

人生在世,要想获得别人的肯定,必须对自己产生信心,没有信心的人,就无法给人信心;自己都不能肯定的事,当然也不能取得别人的肯定。信心就如手杖一样,老年人有了手杖,就能步伐稳健,行走安全。在人生的旅途上,如果我们有了信心作为手杖,就不怕路途遥远,崎岖难行,而能安然抵达目标。所以,信心就是手杖,信心就是力量。

第二,以智慧为明灯

智慧就像一盏明灯,昏暗的室内有了灯光的照明,则"千年暗室,一灯即明"。人有了无明,要靠智慧来照破,智慧的明灯可以破除无明愚迷。所以,当我们面对人生的是是非非、好好坏坏,有很多的不懂,有很多的难解,要靠着智慧来辨别是非,明白善恶,权衡轻重,知道好坏。智慧就是我们的明灯,因此佛教非常重视般若智慧。

第三,以慈悲为宝筏

佛法里常将人生比喻为"茫茫苦海"。在无边的苦海里,我们必须要有一艘救生艇、要有一个宝筏,借此才能安渡彼岸,而不会被海浪给吞没。什么是我们的苦海茫茫的宝筏呢?慈悲!我有慈悲心,就不怕坏人陷害,就无惧恶人加害。甚至于野兽见到有慈悲心的修道者,它都会心生尊敬,不会加以伤害。所以慈悲是横渡茫茫人海的宝筏。

第四,以喜舍为珍宝

一般社会人士,生活中总要积聚许多的钱财、珍宝,诸如土地、房屋、股票、黄金、钻石,甚至美钞等。其实我们真正的财宝,就是喜舍。你能欢喜服务、奉献,乐于助人、结缘,从喜舍中培养因缘,就是我们无上的珍宝。

因此,人生如大海,如何从痛苦的此岸到达快乐的彼岸,必须依靠佛法的慈航普渡。

处世四不可

人在世间生活,总离不开亲情、友情、爱情。有的人能将"情"运用得轻松自如,有的却被"情"所困,搞得身心俱疲,甚至昏头转向,惹来祸事。曾国藩认为交友贵在"推诚守正,委曲含宏,而无私意猜疑之弊"。其实,不论是友情、爱情或是亲情,都要有雅量与包容,才能恰如其分地与各种人相处,而不会被好坏得失所困。关于"处世四不可"有四点意见:

第一,对恶人不可树敌

俗语说:"一样米,养百样人。"人有好坏、善恶、圣凡、贤愚等不同。与好人、贤人、善人相处,他不会为了枝节小事与人计较,甚至你忽视他的存在,他也不会在意。但是对于恶人,如果你占他一点便宜,甚至跟他结怨、树敌,他必然会怀恨在心,时时计划如何阴谋暗算你。所以管子说:"宁过于君子,勿失于小人;过于君子,其为怨浅;失于小人,其为祸深。"所以,不与恶人树敌是保身之道,否则就像在自己的身边,埋了枚定时炸弹一样危险。

第二,对朋友不可欺负

对待朋友,不要只想得到利益,因为朋友之交贵义,彼此之间应该以信用、品德、正义、知识往来,而不是在利益上相互计较,或是在名位上相互觊觎,甚至在智能上相互比较。隋朝王通说过:"以势交友,势倾则绝;以利交友,利穷则散。"朋友往来要能相互扶持、相互鼓励,更要彼此尊重,不能自恃才高,因而处处占人的便宜,甚至瞧不起他人、欺负他人。能够以平等、共荣、共尊往来,才是真正的友谊。

第三,对亲人不可疏远

对待亲人、眷属,不可以太疏远,如果因事忙碌而疏远,要找时间关心问候;如果背亲离乡,远赴外地,也要时常打电话或写信嘘寒问暖、分享生活点滴。人,不管是小孩、青年、老年,对于亲情的需求,都是不可或缺的。因为亲人是你永远的靠山,亲人也是眷顾你长大的支柱。人要有感恩的心,要对亲人保持亲切往来,但不需要形式上的应酬,而是发自内心的笃实恭敬。

第四,对情爱不可迷恋

不管对什么人,投入太多的感情,都是一种束缚。有的人对物品太过迷恋,却被物品桎梏;有的人爱花鸟虫鱼,花鸟死了,却如丧考妣;有的人爱父母、亲人,却被亲情缠绕牵制;有的人爱异性情人,却作茧自缚、痛苦不堪,甚而自伤伤人。佛陀说:"怨憎会苦、爱别离苦。"情爱的煎熬痛苦,来自占有执着的心。因此,淡化爱嗔、净化情爱,将迷恋的情爱升华为奉献,才能免于痛苦。

"爱不重不生娑婆",人,是感情的动物,人的一生离不开亲情、友情、爱情,在各种情爱当中,如何透过良性的互动,善加处理人与人之间的关系,是人生的重大课题。

四有的深意

孔子的学生仲弓出身贫寒,但其德行被孔子誉为有"王者之相"。所以一个人只要有内涵、有才华,所谓"英雄不怕出身低",终究能受人重视;反之,自己德学不具,即使出身名门,也不会受人尊敬。因此,一个人的成就,重要的是自己要具足各种条件与能力。"四有的深意",有四点说明:

第一,有志不在年高

有的人活了大半辈子,一生中却毫无所成,因为他没有志向,没有立定目标。假如有志的话,年龄大小并不重要,例如甘罗12岁拜相,项橐7岁与孔子辩论,被称为"孔子师",因此一个人立"志",是很重要的。

第二,有理不在声大

我们常看到有的人说话时,总是扯开喉咙,脸红脖子粗地大声说理。其实这是不必要的,只要你有理,即使小小的声音,也能震撼人心。同样的,如果你没有理,即使声音如雷、喊破喉咙,别人也不一定信服你。所以与人沟通,除了要听听别人的看法,设身处地为他人着想以外,更要以"理"为出发点,不可以硬将自己的思想加诸别人身上,强迫别人服从,往往适得其反。

第三,有心不在言表

凡事只要有心,不一定要用语言多加解释说明,用心就能让事情做得更好。因为用心,才能观察到一切的细节;用心,才能感受到别人对你的关怀;用心,才能省察到自己的缺失;用心,才能发现他人的需要。一个不肯用心的人,对周遭的事物必然是视而不见,听而不觉,食而不知其味。如此之人,在生活中即使多做言语表态,亦难以和他人契理应机。

第四,有才不在现用

有的人才能很高,他怕别人不知道,怕自己没有"用武之地",因此急于表现。其实只要自己有才能,不怕别人不主动求教。看看三国时期,刘备与曹操"青梅煮酒论英雄";周朝时,姜太公在渭水"离水三寸无钩垂钓",他们都是在等待适当时机以便一展长才。由此可以了解,只要自己有才华,何必急于一时的表现呢?

俗语说:"唯有埋头,才能出头。"谦卑礼让是韬光养晦,是养深积厚。只要自己有真才实学,就不怕没有出人头地的一天。如姜太公告诉武王说:"先谋后事者昌,先事后谋者亡。"所以凡事只要有"志"、有"理"、有"心"、有"才",还怕没有成功的一日吗?

四事不可靠

人生在世，什么最可靠？靠父母亲友，父母亲友有一天会离我们而去；靠社会国家，社会国家如果治理不当，也会动乱不安；靠房屋田产，天灾人祸一来更是难保永恒。所以世界上的一切都是无常变化，都不是永恒不变的，例如年少力壮终会衰老、身强体健终会死亡、亲朋眷属终会别离、金钱财宝终会耗尽。关于"四事不可靠"，说明如下：

第一，年少力壮终会衰老

宋朝朱熹说："少年易老学难成，一寸光阴不可轻。"有的人仗恃自己年轻力盛、青春貌美，所以尽情玩乐、虚度光阴，不知趁着年轻好好学习，等到年老力衰才来感慨岁月无情，却为时晚矣，只有徒叹奈何。懂得人生无常，知道年少力壮终会衰老，那么就应该善加利用时光，好好充实自己的知识、能力与见闻，增加自己精神上的智慧，这才是永不衰老的生命。

第二，身强体健终会死亡

有的人依赖身强体健，但是健壮的身体究竟能保持多久呢？世界上无论你是达官贵人、无论你多么的富甲天下，终归难免一死,所以身体是不可靠的。江淹在《恨赋》中说:"自古皆有死,莫不饮恨而吞声。"在一期的生命中,无论是朝生暮死或是百年一世,我们都应该好好提升自己的生命价值,充实自己的心灵内涵,发挥璀璨的生命之光,才不会空到人间走一遭。

第三,亲朋眷属终会别离

人生聚散无常,再好的亲朋好友总有离开我们的一天,如《大般涅槃经》说:"一切诸行皆悉无常,合会恩爱必归别离。"世界上没有人可以永远长相聚守,这就是佛教所谓的"爱别离苦"。因为生老病死本是世间实相,了解无常苦空的人生实相以后,就能看淡一切,而不会为亲朋眷属远去而苦,生活自能安然自在。

第四,金钱财宝终会耗尽

有的人仗着家里有钱,整日吃喝嫖赌、挥霍无度,又不事生产,尽管祖上留下再多的财富,终有坐吃山空的一天。所以佛法说,财富为"五家"所共有:贪官污吏可以假借权势,敲你竹杠;水火无情,可使你的财富毁于一旦;土匪盗贼,可强迫你交出所有财富;不肖的子孙,可让你倾家荡产。所以金钱财富也是靠不住的。

知道了"四事不可靠",那么世界上究竟什么才是靠得住的呢?慈悲、智慧、欢喜、人缘、道德、佛法,才是真正可以依靠的东西。因此我们应该开发内心的能量,这才是永恒的财富。

行为四戒

《佛光菜根谭》说:"戒是安乐的根本,无戒则纷乱必起。"戒不是束缚,而是规则;戒不是拘束,而是纪律。生活中有了规则、纪律,行为上就不会逾矩、脱序,如此才能得到真正的自由,才是真正地善待自己。兹有四点意见提供:

第一,做人不可患得患失

世间无常,一切都在不断地变异生灭之中。人有生老病死,心有生住异灭,世有成住坏空,你想要没有生老病死等,必定事与愿违。尤其心里的患得患失,就会生起种种挂碍、恐怖,终日忧虑,不能安然自在,所以生活里千万不要患得患失。

第二,做事不可顾此失彼

世界上的人事复杂无比,常常会顾此失彼,有时顾到这个人,忘记那个人;有时重视这件事,疏忽了那件事。所以,做人处事,要能"横遍十方,竖穷三际",凡是彼此的互动,事前的计划,必须要考虑周全;对于前因后果、左右关系,都要有全方位的认识。

第三,说话不可自吹自擂

《法华经》说:"是人舌根净,终不受恶味,以深净妙声,闻者皆欢喜。"说话,要有条理,要有原则;说话,要谦虚有礼,要柔和善良。"说话不可自吹自擂,哗众取宠,因为傲慢自大,不仅不会受人尊重,也不会获得别人的信任与认同。

第四,走路不可摇摆蛇行

有的人走路摇摆蛇行,奔跑跳跃。平时站没站相,弯腰叉手,倚墙靠背,坐下来的时候,东倒西歪,坐没坐相。所谓"行如风,坐如钟,立如松,卧如弓",没有四威仪,就会被人看轻,就很难在人群里受人重视。

一个人内在的道德仁义,别人不容易一下子就看出,但外在的生活威仪却能一目了然。行为不端庄,轻浮暴躁;自己的眼耳鼻舌身都管理不好,如何给人看得起呢?所以"生活四戒"就显得非常重要,应该时时自我检验。

四等资质

佛陀在《阿含经》里说,世间有四种马:第一等马,能与御者心意相应,只要车夫扬起马鞭,就会风驰电掣地向前跑;第二等马,只要车夫吆喝一声,就知道要加快脚步奔驰;第三等马,必须御者鞭策,才能惊觉快行;第四等马非常驽钝,即使狠狠抽打,也不肯快行。我们看世间上的人,各有各的脾气、性格,也可区分为上等、中等、三等和劣等四种人:

第一,慈悲厚重是上等资质

慈悲厚重是做人的根本;慈悲没有敌人,厚重必为人尊。一个待人慈悲厚重、待己严格谨慎的人,诚所谓"严以律己,宽以待人",如此才能让人尊你为圣贤君子。所以,为人慈悲敦厚,这是上等人的资质。

第二,笃实才华是中等资质

世界上有的人做人老成实在,但欠缺才华;有的人才华横溢,却不够诚敬笃实。如果做人笃实,做事又能适时展现才华,应该就是属于中等人了。

第三,老练圆滑是三等资质

有的人做人处事非常老练,也非常圆滑,任何时候他都跟你打哈哈，懂得讨巧，但不务实。对于自我的利益非常重视，时时提防，唯恐自己吃亏。与人相交，看不出他的诚意，也无法了解他的真心；虽不会说话得罪别人，但也不会真诚以待，这是第三等资质的人。

第四，虚浮夸大是劣等资质

更有甚者，有的人虚浮夸大，做人工于心计，善于伪装，常常算计别人的利益，占尽别人的便宜，让周遭的人吃他的亏、上他的当、受他的气，这种人无才无德，应该算是第四等的人。

我们自己是哪一等人？这需要经常自我检讨：我明理吗？我懂得惭愧吗？我有感恩心吗？我在道德品格上能不断力求上进吗？唯有不断自我观照、自我反省、自我改进，才能不断进步。

求法四想

在社会上,做一个学生要求学;做一个宗教徒要求法。学生求学,要懂得自我用功;信徒求法,也要懂得求法的要领。在佛经里讲到求法要有四种想法:

第一,于自身心,生病苦想

你要求知识、求技能、求学问、求佛法,首先必须自觉自己本身的不足。所谓"耻有所不知、耻有所不足"。懂得自己的不足,才会上进;就如有病了,才要看医生。一个人没有知识、没有学问,也是人生之病,一定要找高明的医生来为自己治疗。所以,求法的人,对于自己的缺陷、不足,要生病苦想。

第二,于善知识,生医王想

我们遇到好的老师,遇到善于教导我们的圣贤、善知识,我要把他当成医王一样,要想:我找到名医了、找到专家了,我要信赖他、依靠他,让他来替我治疗疾病。所以,一个对善知识能生医王想的人,就能得救。

第三,于所说法,生良药想

学生上课,对于老师讲的话,你要注意听,要去思维、接受;不接受，永远不会成为你的。身为一个宗教徒，要听善知识的指导，要虚心接受；不接受，就无法受用。如同医生开药方给我们，我要照着药方抓药来吃；你不吃，病就不会好。所以佛经里佛陀曾说："我如良医，知病说药；服与不服，非医咎也。"意思就是说，再好的医生，开了药方给你，如果你不吃药，病永远不会好，这只能怪自己，不能怪医生无能。

第四，于所修行，生除病想

我们平常讲修行，就是要"修正"过去不好的"行为"，也就是说，为什么要修行？因为身心有了问题，有了毛病，所以要修正他、治疗他。比方说，贪欲心重的人，"贪心"就是病，你必须要有"喜舍心"的药来去除；嗔恨心强的人，"嗔心"也是病，你必须要有"慈悲心"来去除；邪见心、愚痴心等，都是病，必须要用"正知正见"的药方来去除。

进德四莫

每一个人,在世界上做学问,总希望学问能进步;创造事业,也希望事业能成就。尤其在道德修养上,更希望日有所增,时有所进。至于如何增进道德,有"进德四莫"提供参考:

第一,安莫安于满足

人生最大的希望是平安。平安不是靠佛祖、神明赐给我们的,平安要靠自己创造平安的环境、平安的条件。平安的条件,最重要的就是要满足。对于名位,你能满足,自然没有人能阻碍你;对于财富,你能满足,自然不会妄心贪求,更不会侵犯别人,如此自然能得平安。

第二,危莫危于多言

俗语说:"言多必失",有的人不经意地说错了一句话,或泄漏了一个机密,惹来杀身之祸,所以"危莫危于多言"。其实说话的目的,主要是沟通彼此的思想、看法,一句话说出来,除了传达自己的意思,也要能让对方欢喜接受;如果经常发言不当,造成对人的伤害,最好能学习古人"沉默是金"。再不然,至少要能先思而后发言,如此可以减少说话的过失。

第三,贵莫贵于无求

一个人,不必以华丽的衣着来妆饰自己,应该重视的是内在的修持,要以高贵的气质来涵育自己,以道德修养来庄严自己。所谓"人到无求品自高",有的人因为贪心、多求,自然为人所看轻,因此,人要懂得自尊自重,人能无求,高贵的品格、清净的自性自然能升华起来。

第四,贱莫贱于无格

古人云:"无位非贱,无耻为贱。"一个人的道德观念有多重,人格就有多高。有的人虽然有钱有势,但到处被人瞧不起,因为他不重视道德人格的涵养,例如言语轻浮、行为不检、背信忘义、贪得无厌等,如此作践自己,当然不会被人所看重。因此,人间最美、最宝贵的,就是道德、人格;反之,一个人无德、无格,最为卑贱。

完美的人格、高尚的品德,是从实际生活中锻炼出来的。

律己四要

人,习惯要求别人"你要怎么样""你应该怎么样",如果无法达到目的,便容易生气,甚至反目成仇。实际上,要求自己比要求别人更重要,一个懂得律己的人,他懂得自爱,必定能够获得别人的尊重,所以人要自律,有"律己四要"提供参考:

第一,具有主见,则不轻信他人

有的人耳根子太软,这个人讲是就是,那个人讲非就非,毫无见地;有的人立场不稳,就像墙头草,随风两面倒;有的人没有主见,人云亦云,永远是一个听众,永远做不了自己的主人。做人要有立场,要有主见,才不会随便轻信他人之语,才不会被人牵着鼻子走。

第二,独立生活,则不依赖他人

小鸟长大了,要离巢而飞;动物长大了,也要离开母体而生存。一个人不能老是存心依赖他人,总是要求父母供给我钱财富贵,仰望亲戚提供给我帮忙资助,或是希求国家社会不断供应我的所需。人要有独立生活的主张,甚至不但要自立自强,当自己生活有力量的时候,还能够再去随喜帮忙别人。

第三，光明磊落，则不批评他人

《礼记·大学篇》说："十目所视,十手所指,其严乎!"宋朝陆九渊也说："古人谓戒谨乎其所不睹,恐惧乎其所不闻,庸敢有戏论乎?"一个光明磊落的君子,无论走到什么地方都是堂堂正正、光明磊落,不会在背后议论别人的长短,也不会落井下石,批评别人的得失。一个人如果不守口德,常常批评、议论别人,难道别人就不会在背后批评、议论你吗？尤其是背后的议论,一旦传到他人的耳中,不但让其伤心、寒心,对自己更是不利。

第四，正直无私，则不伤害他人

元朝刘唐卿说："见义当为真男子,则是我正直无私大丈夫。"正直的人没有私心,他不会在暗中耍手段,用计谋去伤害别人；即使在无人之处,他也会持心端正,无愧于天地,此即所谓"君子不欺暗室"。

宋朝林逋的《省心录》说："倾财可以聚人,律己足以服人,量宽足以得人,身先足以率人。"知己、律己,是立身处世之要道；容他、助他,是人际相处的良津。一位善于论人的人,察己必疏；相反的,善于自省者,律己必甚严。

为学四要

要完成任何事,都要知其诀窍、要领。建一栋房子,要先有设计图、准备各式建材,技术人员施工等;做一件衣服,要先设计款式、画出样板、选择布料,以及裁缝师的缝制等。先有规划,按部就班实行,才能达到预期的效果。同样,要拥有扎实的学问,也要具备各种要领。为学的要领,归纳为四点:

第一,要学而不厌

"学然后知不足",知不足,才有求上进的动力。一旦满足所学,就会生厌停顿。连庄子那样的大哲学家,都要慨叹:"吾生也有涯,而知也无涯",何况一般人对学问,怎么可以浅尝辄止?除了知不足,还要"不耻下问",所谓"闻道有先后,术业有专攻",如果碍于面子,即使不懂,也不敢或不屑请教别人,那就与"进步"无缘。

第二,要精益求精

学问愈钻研,愈能体会个中滋味。以量子物理为例,以前质子或中子被认为是最小单位,后来物理学家又发现,质子和中子是由三个"夸克"组成;又如"纳米"科技的发明,将分子电子学向前推进一大步。这些推陈出新,都是精益求精得来,保持这种态度,才会不断超越。

第三，要自我改善

学习不能抱持"以不变应万变"的心态，应随着学问的进展而调整学习的方法。如果能以"觉今是而昨非"的眼光来督促自己，必然更鞭策自己不断改善，日将月就，积累每日、每月的点滴工夫，学问才能有所成就。

第四，要不断更新

吸收新知是一门重要功课，信息日新月异，若不积极吸收新知识，很快就会遭到淘汰。佛陀在《八大人觉经》中教诫弟子要"常念广学多闻，增长智慧，成就辩才"。即使菩萨要教化众生，也需广学八万四千法门，才能应付众生种种的需求。

所以真正会读书、会做学问的人，要像海绵一样，随时吸收新知，并灵活运用。

四重之要

古谚语云:"为学尚厚实,不重花巧,毕竟沃枝叶,不如培根本。"用来比喻为人做事,必须从基础的根本处做起;就好像浇灌树木的枝叶,不如从根部培养起,才能发挥究竟之真实义。什么是做事的根本真实义呢?

第一,语言重在流利,更重在得体

我们跟人讲话,要紧的是要讲得很流利,不能参差、颠倒,但是更重要的是得体。《论语》记载孔子在家乡和人谈话的时候,态度谦虚恭顺,就好像一个不会说话的人;但是,在宗庙、朝廷上讲话的时候,就非常明白流畅;与士大夫说话时,又表现得刚强而正直。

佛陀说法时,更是观机逗教,应机说法。佛陀教导在家弟子,以奉行五戒十善,获得现法喜乐的人乘法为主;教导出家弟子,则重在都摄根门,勤修禅定等修持,以证悟涅槃妙境。儒家贤人、佛教圣者的言谈,皆是得体的表现。

第二,衣着重在朴素,更重在实用

人不能不穿衣服,衣服不但可用来御寒,更是人的礼貌、尊重。当然我们穿衣服时要重视简单朴素,更重要的是实用。什么实用?

意喻在什么场合,就要穿什么样的衣服,不能错乱,不能不讲究仪容。例如工作时要穿工作服;睡觉时要穿睡衣;会客时当然就要穿礼服了,否则岂不有失礼节。所以衣着以实用为第一真实之义。

第三,文章重在通畅,更重在内容

一个文人、作家,把文章写得很通顺,并不算是有可读性。文章重在有丰富的内容,让读者感觉到文章里面发扬的义理和教示;让读者读了以后得到很多知识、感动和启发,这才是文章第一真实之义。

第四,表达重在明白,更重在真诚

我们和他人的沟通表达,要强调字句清楚明白,但更重要的是态度要真诚。真诚的态度用在文字上来表达,可以传达思想;用在语言上来表达,可以传达感情;用在手势上来表达,可以让人体会真心妙用。所以不管你用什么方法来表达,都要真诚实意,这才是表达的第一真实之义。

修身四法

修身是生活的基本,如果一个人不讲究修身,又何以能过好每一天的生活,进而拓展生命的领域?《大学》载:"身修而后家齐,家齐而后国治,国治而后天下平。"意指修养自身,治理好家务,即是一切事业的基础。所以自古以来的君子文人,都是讲究慎独以修身。《佛治身经》载:"己得身心教,复不难教他,若欲教余者,先须教自己。"也说明做一个老师,首先要修养自身。在生活中如何修身?有四点意见提供大家参考:

第一,以朴素为生活

简单朴素的生活,不论从身体上还是从精神上看,对人类都是有益的。生活朴素的人,不为形役,不为物转,对于生活中的一切所有,有重新估定价值的看法。所以朴素的生活可以使人知足常乐,更能使人趋向真理。

第二,以慈悲来待人

一般人对自己所爱、所熟识的人施予慈悲,相当容易,但是对于陌生人,甚至怨怼的人,就难以生起慈悲了。慈悲是升华的大爱,是平等的包容,所谓"大慈与一切众生乐,大悲拔一切众生苦",

才是真慈悲。如果生活中能以《优婆塞戒经》所载,尽量做到"不念自利,常念利他,身口意业所作诸善,终不自为,恒为他人",就能算是以慈悲待人了。

第三,以忍耐来处事

有句话说"小不忍则乱大谋",是告诉我们,面对逆境选择退步的人,不是怯懦怕事,不是保守消极,而是做事成功的不二要则。《罗云忍辱经》载:"世无所怙为忍可恃,忍为安宅灾怪不生,忍为神铠众兵不加,忍为大舟可以渡难。"《本生心地观经》也说:"世间众生同父母,我如男女行孝养,被他打骂不嗔嫌,勤修忍辱无怨嫉。"是处事和平成功之法。

第四,以结缘来交友

大慈大悲的观世音菩萨,三十二应化身,常为众生作"不请之友"。所以,人民将最好的厅堂用来供奉观世音菩萨,称念观音菩萨的圣号,礼拜观音菩萨的圣容,皆因观世音菩萨广结善缘。我们也要学习观世音菩萨的精神,不必等到别人有求于我,我就能主动去关怀众生,尽量满足大众的需求。在生活中,随手布施、随口赞叹、随心祝福、随意结缘,都可聚沙成塔,成就无边的功德善缘,结交无量的善友。

"好"之四弊

正当的"爱好",对我们是有利的;不当的"爱好",对我们是有弊的。《左传》载:"吴王好剑客,百姓多创瘢;楚王好细腰,宫中多饿死";帝王好小脚,才有裹脚的陋习。这就是喜好的弊端,桀纣幽厉贪图酒色,所以遭到亡国之难。像周敦颐爱莲,像陶渊明爱菊,爱山爱水都是陶情养性的好习惯,所以关于爱好之弊,下列四点说明如下:

第一,好嗜欲,则贪爱生

有的人欲望很强烈,比方说贪财好色、贪花恋酒、贪小便宜、贪图荣华、贪婪无厌,甚至私窃他人之功,侵占别人的成就,这些都是因为贪心不足,不明因果关系,痴心狂妄,陷入欲望之深谷。蚊虫贪光而死,鱼虾贪饵而亡,所以为人不能贪小失大,拥有得失,各有因缘,只有培植因缘,何患没有果报呢?

第二,好利养,则增私心

有的人喜好人家的恭维、喜好他人的利养,在贪图便宜、贪图富贵、贪婪利养,就是一个喜好修道的人也喜好做上中前,所以在名关、利关、恭敬关的诱惑下而无法突破,即使修行数十年也无法成功,佛陀曾说过:"骡子怀孕了,芭蕉心实了,小人的供养多了,就离死期不远了。"所以有私心的人,不能不努力去除私心,孙中山倡导天下为公,我们赞美有道德的人,说他公而忘私,我们不能不注意这些好的习性。更要记取"以羊诱虎,虎贪羊而落井;以饵投鱼,鱼贪饵而忘命"的教训。所以,莫贪一时的蝇头小利,而忘记后面的大灾祸。五欲之害就如刀口之蜜,以舌舔之,则有割舌之患。

第三,好阿谀,则小人合

有的人,欢喜听好话,欢喜有人捧场、赞美,所以一有了阿谀的喜好,那许多逢迎谄媚,顺从意旨,专门吹牛、拍马屁逢迎的小人,都会来跟你撮合在一起。君岂不知?那些小人交友起初亲密狎昵,让你犹如吃到美味一样,但是一旦你失意的时候,他的态度立刻变换如两人,甚至对你气势凌人,把你当作仇敌看待。所以交友之道,要以义为重,能患难相交,像管鲍的友谊,成为千古人间美谈。

第四,好胜负,则挂碍升

有的人胜负得失之心十分强烈,什么事情总欢喜和人较量,欲胜他人、要比人强、要比人高。如果是正当的竞争,倒也罢了,但是大多时候都是暗箭伤人,把痛苦给人,自取其利,这就不值得说了。古来君子有争但不伤人。例如赵国廉颇大将军与蔺相如上卿争胜,东汉贾复与大将寇恂计较,所幸及时改变观念,消除误会,才不至于酿成国祸。

卷三 | 人生四要

人生在世,最重要的要活得健康,
活得富有,活得尊严,
活得出自己的风格仪范来。

人生四要(一)

有人认为,人生只要过得踏实,不在于长短,只要过得真切,不在于繁华。也有人说,决定人生的,不是际遇而是态度,不是贵人而是实力,不是神迹而是努力,不是幸运而是付出。每个人都希望人生过得平稳,过得有意义,究竟人生应该怎么创造?列举"人生四要":

第一,要增加信念

一个没有信念的人生,就像没有根的浮萍,失去了根本,迷失了方向,只能随波逐流。有信念的人,具足信心,具有坚定的意志、坚强的毅力,面对事情,就会全身充满斗志,不怕跌倒,不怕失败,做什么事情就容易有成。

第二,要发挥性能

花草有其性能,懂得运用,一花一草都是良药;树木有其性能,适得其性,大小枝干都是材料。人也有人的性能,要了解自己的性能、长处,依照专长发展,比方文学、艺术、建筑、管理、行政、农业……将自己的能力开发,将自己的性能发挥,人生就能过得充实有意义。

第三,要培养功力

所谓"外行人看热闹,内行人看门道"。无论做什么,都要有功力。练武的人,不只是招数变化,更讲究修身的功夫;烹饪的人,不但要求菜色香美,更重视心意的供养。做人也要增强各种功力,如信用、诚恳、慈悲、精进等等,以此来培福进德,并增长自己的内涵与实力。

第四,要计划未来

不会生活的人,只想到眼前要做什么,走一步算一步,因此匆匆忙忙,容易出错。会生活的人,事先做好计划,事先预备妥当,所以从容不迫,有条不紊。生活不只是看现在,还要看未来,在生活、读书、进修、经济、家庭、休闲各方面,做出三年、五年、十年的计划,乃至一生的计划,甚至是来生计划;人生有计划,心里就有预算,也才能踏实。

生命短短数十载,有的人懒懒散散,昏庸度日;有的人汲汲营营,斤斤计较;有的人踏踏实实,务本生活;有的人则进德修业,有着高尚的人格。

人生四要(二)

什么事对我们的人生最重要？由于每个人的生活目标不同，所求不一，所以很难说什么最重要。有人认为生命最宝贵，没有生命，一切的荣华富贵都如粪土；有人觉得生命诚可贵，爱情价更高；但也有人主张，若为自由故，两者皆可抛。大致说来，除了生活所需的物质条件以外，欢喜、满足、慈悲、真理，应该是人所皆需的，可以并列为"人生四要"。兹说明如下：

第一，欢喜是人生的良药

人的毛病很多，例如忧愁、悲苦、伤心、失意，这是人生的大毛病；心理不健康，不容易上进。有了心病怎么办呢？欢喜、开朗、乐观、积极是人生的良药。一个人能在生活中感到前途有望，对人生充满了乐观、积极的想法，不断地从心里涌现欢喜、快乐、禅悦、法喜，这许多良药可以治疗我们的烦恼、忧愁、伤心等毛病，所以欢喜是人生的良药。

第二，满足是财富的泉源

快乐在满足中求，烦恼从多欲中来。人生不一定要追求荣华富贵，只要能"满足"即能圆满。满足是财富的泉源；不满足，就是代表贫穷。有的人家财万贯,但不见得就能满足,或是有了财富也不懂得运用,这就是富贵的穷人。也有些人虽然经济上贫穷,但是他看到世间的美好,每天都有欢喜心、满足感,虽没有财富,那也是富贵的人生。所以,满足于自己所拥有的,才是一个富足的人。

第三,荣誉是增上的品格

荣誉是人的第二生命,人要爱惜自己的名誉。一个人活在世界上,不懂得惭愧,不知道羞耻,不重视自己的人格,不爱惜自己的荣誉,那与禽兽何异?所以《佛遗教经》说:"惭耻之服,无上庄严",惭愧心好像衣服,穿在身上可以庄严身心。

第四,行善是道者的风仪

"气质从智慧而来,美丽从慈悲而来",修道者的风仪则从行善而来。行善做好事的法门很多,例如用慈悲的语言度人、用慈悲的眼光待人、用慈悲的面孔对人、用慈悲的双手助人、用慈悲的心祝福人。主要你有慈悲心,不断地行善助人,这就是一个有道者的风仪。

人生在世,最重要的要活得健康、活得富有、活得尊严,活得出自己的风格仪范来。

人生四品

俗语说:"三岁看大,七岁看老。"孩童虽小,但是从他的行为、性格、品德,即可以看出他的未来,甚至评断他的一生有无作为,因为一个人的成就,跟他的人品有很大的关系。"人生四品"有四点看法:

第一,为人要有品德

做人最要紧的就是人品与道德,一个人宁可没有金钱地位,但不能没有人品、道德;宁可没有土地房屋,但不能没有人品、道德;宁可没有事业名望,但不能没有人品、道德,因为人品、道德是一个人所拥有最大的尊严与资产。

第二,做事要有品质

做人要低姿态,做事要高品质,品质就是信誉。现在工商业界,无论生产什么产品、货物,都要求品质管理。很多人在事业上所以能异军突起,获得成功,就是他对自己的产品要求很严。反之,有的人投机取巧、偷工减料,想要降低成本,以"鱼目混珠"来欺骗消费者,其结果往往自食恶果,受到社会大众的唾弃而失败,所以做事要讲究品质,这是成功的要件。

第三，立业要有品格

每个人在创业的时候，莫不希望一举成功。但是成功的条件很多，天时、地利、人和，以及能力、资本之外，还要有专业的智慧与坚毅的信念。因为社会上无论哪一个行业，在众多同业激烈竞争下，要想开创出自己的一番天地，不管事业的经营或处世的态度，都要有自己特殊的品位与风格，才能独树一格，赢得青睐。

第四，生活要有品位

人与猪、马、牛、羊不同的地方，在于人的生活除了讲究三餐温饱以外，还讲究生活的品位。例如有人以游山玩水、莳花植草作为人生的品味；有人以读书写作、教育英才为他的生活品位。宋代林逋隐居西湖孤山，以种梅养鹤自娱，人称"梅妻鹤子"；唐朝的大梅法常禅师，以草衣木食为生活，他们都树立了隐士高逸的生活品位。现代社会上有很多人觉得自己的生活太单调，原因就是他不重视生活的艺术，所以人生能多讲究一点生活的品位与艺术，日子才会过得多姿多彩，生活才有意义。

人生四钥

地势险要之处，称为交通锁钥；治学也有要点，称为入门宝钥。人生里，什么对我们最重要，那就是我们人生的锁钥。人生钥匙有哪些？四点如下：

第一，欢悦是人生的良药

身心不健康，不易积极奋进，就无法发挥生命的价值。尤其人有忧愁、悲苦、伤心、失意等情绪，如何治疗这些人生的大毛病。乐观、欢悦就是人生的良药。例如1964年西方有一位诺曼·可辛斯先生，得了僵直性脊椎炎，他在自传里说："每次大笑10分钟之后，疼痛大为减轻。"乃至得到2个小时的安稳睡眠。一年之后，竟不药而愈。因此常保乐观、喜悦可以治疗我们许多身体上的毛病。

第二，满足是财富的泉源

俗话说："人心节节高于天，愈是有钱愈爱钱"，人心欲海的不满足，实在难填。因此，人生最重要的，除了欢乐以外，就是"满足"。有满足的心，你说一句话，我听了好满足；你做一点好事，我看到了，感到好满足；我自己获得一点东西，就觉得好满足。这种满足感，就是财富的泉源。假如什么都不满足，时时感到不够，那你就贫穷了。

第三，荣誉是增上的品格

荣誉是人的第二生命。一个人生在世间，不知道惭愧，不知道知足，不重视自己的荣誉，跟禽兽可说没有什么不同。所以《佛遗教经》说："惭耻之服，无上庄严。"惭愧心，如一件好服，它让我们自尊自重，荣誉增上，不断自我超越，心地也就柔软、升华，庄严起来了。因此，常怀荣誉心，爱惜羽毛，可以增上品格。

第四，行善是道者的风仪

在世间上，人最重要的不只是为自己，主要是有慈悲心。能不断地慈悲行善，帮助别人，才是一个有道者的风仪。你说："我想帮助人，但我没有钱，怎么帮呢？"不一定要钱。你会讲好话吗？讲好话就是帮助别人；你有力气吗？帮忙做义工，也是对社会有所贡献。你说："我也没有时间做义工，也不会讲人的好话。"你可以用心为人家祝福，为人家欢喜，这就是一种道者的风仪。

人生四理

做人要明理,不只是明白道理,还要明白心理、事理、真理、情理,此中蕴含很深的人生哲理,说明如下:

第一,在危难之中,先要安定心理

在人生的旅途上,每个人难免有遭遇挫折,或是遇到困难的时候。当处在危难之中,最重要的是先要安定自己的心理,千万不能慌张忙乱。我们在危难之中,要能安定心理、从容不迫,唯有头脑冷静、理智清明,才能处理危难。

第二,在是非之前,先要明白事理

世界上,可以说有人的地方就有是非,在面对人间的是是非非、好好坏坏,最要紧的是应该明白事理。大凡一件事的发生,都有一些前因后果,所以不能单纯从表相上去评断它的是非;任何一个道理,也不能只看一时,它必有一些时空因缘的关系,所以,当我们遇到是非的时候,先要明白事情的过程。

第三,在做人之时,先要了悟真理

人降诞世间,除了菩萨是乘愿而来以外,都是因为业报而受生。人间苦、乐参半,苦是人间的实相,人从小到老,难免要受生老病死之苦,乃至社会、人我、自然、环境所加诸的种种身心之苦。苦的原因,由于"无常",所谓"人无千日好,花无百日红",这就是无常的写照!"月有阴晴圆缺,人有旦夕祸福",这也是无常的意义!因为无常,所以人生充满了很多不可知的变数;因为无常,所以人生时时有坏苦与行苦的无奈。无常是真理,一个人假如能了解到生死、烦恼、无常、苦空的真理,就能坦然面对人生。

第四,在处世之际,先要透彻情理

人是有情的众生,人类社会秩序的维系,除了法律、道德之外,不离情、理。在情理法的社会里,人不能不通情理,所谓通情达理,我们和人交往,如果不通达情理,会失去很多朋友。所以,处世之际,先要透彻情理,能够"通情达理",才能随缘不变、不变随缘。

人生四理,说明我们处在人生的任何状况下,都不能离开一个"理"字;不管危难、是非之前,或是做人、处世之际,能够安定心理、明白事理、了悟真理、透彻情理,自能活得心安理得、坦然自在。

人生四宝

一般人以珍贵之物为"宝",如家中有"传家之宝",国中有"镇国之宝";在有形有状的宝外,有人以身怀绝技为宝,有人以美德庭训为宝。在佛门,也用"宝",来形容诸佛菩萨及法之崇高尊贵,如"宝相庄严""宝地清净"等。而在人生道上,我们要以何为宝?提供"人生四宝"作参考。

第一,禅定使躁动者沉稳

禅定给人一种稳定力、安定性及祥和明净的心境。所谓"外离相为禅,内不乱为定",它并非只是蒲团上的用功,如果能将"定力"生活化,就是有一点杂音,你也会不太计较,遇到一点琐事,你也不会放下。不该听的不听,不该看的不看,不该想的不想,使躁动的心得到沉稳。每天有这样一点禅定的修养,则处事自能泰然自若、处变不惊,为生活带来安全感,禅定就是一宝。

第二,历练使无识者睿智

乌鸦几番投石,才如愿得水;战马屡次远行,才得以长征。动物尚且要历练,何况人生?人因经验而成长,因成长而丰富,凡事勇于尝试,一次不成功,还有第二次、第三次,只要自己不放弃,凭着历练,自然会产生一种睿智,遇到不同的环境、不同的事情时,就会知道应该怎么处理,对事物也会看得更广、更深、更透,这也是人生一宝。

第三,信念使失败者成功

"信"是对一个对象,能令心产生清净的精神作用,"念"是对所缘的事,明白记忆而不令忘失。凡是一切,有信念,你就有力量,有信念,你就有目标。信念,让你在受挫的时候,锲而不舍,努力地向前奋斗;信念,让你在失败的时候,不畏沮丧,勇敢地站立起来。因此,信念能使一位倾家荡产的人东山再起;信念会让一位名落孙山的人再题金榜。一位成功者,有绝对的坚定信念;有信念作为基石,不会永远是个失败者。

第四,慈悲使懦弱者勇敢

有时候,我们的性格会很懦弱,可能怕得罪人,可能怕做错事,说话不敢、做事不敢,甚至于做好事、说好话都不敢。我们若能修学慈悲之宝,心中拥有慈悲,就会产生源源不断的力量:我要做好事、我要说好话、我要做好事、我要为他人服务……不断发扬自己内心的慈悲之光,会让懦弱的性格,逐渐成为勇敢。

什么是生活?就是要活得有生气,活得有朝气;生活的生气,来自于态度的改变,若能善用人生四宝,必定是日日是好日、时时是好时。

人生四不

做人应该"有所为,有所不为"。当所做的事情于人有益,即使辛苦也"不要紧",对人有用的好话,要"不怕多"说;自己遇到伤心烦恼,或逆境挫折的时候,要能"不怨恨"、"不退却"。此之"人生四不",说明如下:

第一,工作辛苦不要紧

台湾的《青年守则》说:"人生以服务为目的"。服务就要工作,工作里辛苦自是难免,但是若把工作当成服务,就不会感到辛苦。例如下班时间到了,主管却要你加班;平常好几个人做的事情,忽然要你一个人独立承担。这个时候如果你嫌累,你抱怨,你觉得不平,只会苦上加苦;何妨转换一下心情,想到一定是自己能力强,所以主管才会交付重任。甚至工作多,虽然苦了一点、累了一些,但可以多为别人服务,自己也可以积累经验,人生不是更有意义吗?所以,事多的时候不要嫌烦,不要觉得辛苦;起早待晚地加班,也不必皱眉头,你能带着欢喜乐观的心情工作,自能体会忙的意义、忙的乐趣。

第二,对人好话不怕多

说话,是一种技巧,也是一种艺术,更是沟通人际往来的工具。

人都喜欢听好话,一句赞美别人的好话,可以使人心生欢喜,终生为其效命;反之,一句伤透人心的语言,可以使多年的知己反目成仇。台湾有一句俗谚,把不会说话、经常说错话的人喻为"乌鸦嘴",意思是不会说好话,经常说话得罪人,或是经常说话给人难堪。其实,一个会说话的人,一句话说出口,不但是为了传达自己的意思,也总希望对方能欢喜接受。所以,人要学习说好话,而且"好话不怕多";会说好话的人,才能带给别人欢喜,自己也才能成为受欢迎的人。

第三,遇事烦恼不怨恨

人生最大的烦恼是欲望,因为有欲望、有所求,当所求不得,或所求与所愿相违时,烦恼自然由此产生。佛经里把烦恼比喻为"如病""如箭""如火""如毒"等。意思是说,当一个人有了烦恼,就像生了病,又像中了箭、着了火、喝了毒一样,自然痛苦不堪。人,不要与烦恼为伍,有了烦恼,要自我惭愧,要"转烦恼为菩提",而不是一味地怨天尤人。所谓"思量烦恼苦,欢喜便是福"。人要懂得制造自己的欢喜和快乐,不要将忧愁烦恼传染给别人;有欢喜的人生,活着才有意义。

第四,逆境挫折不退却

人的一生,不可能永远在顺境里长大,因此,遭遇逆境、挫折,是人生必然的际遇。一般人在遇到逆境挫折时,容易感慨世事沧桑、人情无常,因此消极退却。但是,有人说:"人生如球",一粒球如果经不起拍打,它就不能弹跳,也就失去球的价值。所以,人要把逆境当为增上缘,在逆境挫折时,只要坚持自我,永不退却,则未来历史会肯定我们的定位。

人的一生,不一定要活出什么亮丽的成绩,但要活得有意义、有价值、有尊严,这就是成功。

人生四败

大家都喜欢成功,因为成功的滋味让人自我肯定,让人升起信心,让人心怀希望,让人拥有成就感与荣誉感。相对的,没有人喜欢失败,因为它带来挫折、沮丧、痛苦、难堪。一个人成功有成功的条件,失败有失败的原因。人生失败的原因是什么呢?有四点看法:

第一,昏庸驭下无能者,必定失败

一个人领导属下做事,如果自己昏庸无能,没有合理、合法、合情,让跟着他的部下不能心悦诚服地服从他,当然就会失败。例如中国历史上,晋惠帝"何不食肉糜"一语,成为千古之讽,后来他在"八王之乱"中,被赵王司马伦篡夺帝位,也就不难想见了。

第二,自私妄为无人者,必定失败

"忧患之接,必生于自私"。楚汉之争时,项羽嫉贤妒能,有功不赏,得地不利,所以将士离心,终失天下。所谓"敬人者,人恒敬之"。自私自利、目中无人者,不把别人当一回事,甚至居功诿过,凡有利益、好处,必定归给自己,凡有过失、不当,就把责任推给别人,如此之人,如何能获得别人的尊重?又怎么不会导致失败呢?

第三，目无纪律无法者，必定失败

所谓"非规矩不能定方圆，非准绳不能正曲直"。纪律如规矩，又如准绳，是共遵的法则，是维护纲常的要目。有人目无纲常纪律，以身试法，自然危险近在眼前。例如身陷牢狱失去自由的人，不就是因为不守法律，以致锒铛入狱的吗？一个遵守法律的人，纵使没有获得利益，也不会招来危难，人生自然平坦无碍。

第四，反复欺诈无信者，必定失败

《左传》说："君能下人，必能信用其民。"一个人如果自己不重视信义，不重视承诺，一次又一次失信于人，一次又一次地让人吃亏，如何获得别人的信任。东汉吕布是一位能征善战的骁将，他征战各地，勇猛异常，甚至单人力战刘备、关公、张飞，堪称三国时代中武力最高者。却因为他为人反复无常，最后因部下叛变而被擒，终致招来杀身之祸。所以，做人不守信用，必定会失败。

一个人不怕失败，只怕一蹶不振；不怕失败，只怕不肯认错；不怕失败，只怕不知道自己失败的原因在哪里？因此，人生这四种失败的原因，是值得我们反省深思和自我警惕的。

人生四谛

佛教的真理之一"四圣谛",即"苦、集、灭、道",说明生命生死流转以及解脱之道的缘起道理,目的就是要激发众生"知苦、断集、慕灭、修道"的决心。而在我们日常的生活里,也有四句真理,可以帮助我们在人生的道路上,行走安然、自在。"人生四谛"有四点看法:

第一,良药苦口利于病

有病,必定要吃药,在《本草备用》一书中统计,味道苦的药,在所有的药里占的比例最多;攻毒治病的药物中,最具疗效的,往往也是最苦而难以下咽的,所以说"良药苦口"。可是一般人总是要吃甜的、吃自己欢喜的,明知"良药苦口利于病",却是百般推辞,敬谢不敏,这就是凡夫的愚痴、执着。

第二,忠言逆耳利于行

有时候别人跟我们说话,明知是善意的忠告,可是我们却不喜欢听,因为觉得自己颜面扫地、有损尊严,甚至有时还会恼羞成怒,甩头而去。例如别人叫我改过,我不欢喜;别人叫我向善,我也不欢喜;一听到别人说我哪里不健全、哪里有毛病,第一个反应大多是排斥。这许多忠言虽然逆耳,假如能虚心接受,必定有利于行。它会让你增加人缘,会让你做事顺利,会让你往来方便。所以,正直深刻的批评,虽然使人难堪,却最能让人反省改过而受益。

第三,淡泊明志利于心

三国时代,诸葛亮教诫孩子:"夫君子之行,静以修身,俭以养德,非淡泊无以明志,非宁静无以致远。"在我们的生活里,做人处世、修身养性也是如此。所谓"大厦千间,夜眠不过八尺;良田万顷,日食几何"?生活不必追求奢华、享受,也不贪求拥有多少,只要简单、够用就好,应该把多余的与人共享、共有,心能淡泊,自能安稳。

第四,清净无求利于修

所谓"人到无求品自高,人到无念便安闲"。要修清净的道,就是不伤害人,不污染自心;心中无求,自然坦坦荡荡。在《八大人觉经》里提到:"多欲为生死的根本。"人所以有生死疲劳,都是从贪欲而起;如果能清净少欲,无求、无为,必定有益于身心行为的修正,而离自在解脱的生活,也就为期不远了。

《三国志》说:"夫良药苦口,惟疾者能甘之;忠言逆耳,惟达者能受之。"《战国策》齐策里也说:"晚食以当肉,安步以当车,无罪以当贵,清净贞正以自虞。"能以这四种真理在生活里实践,行走在这个人生的道路上,必能"去处尽通"。

人生四时

季节有春、夏、秋、冬的四时循环,人生有生、老、病、死的生死轮回。甚至在人的一生当中,也有"四时":少年时、青年时、壮年时、老年时。在这四时里,我们应该如何安排自己?如何发展自己呢?"人生四时"有四点看法:

第一,少年时要有恢宏气度

《老子》说:"合抱之木,生于毫末;九层之台,起于累土;千里之行,始于足下。"少年时期,是人生的开始,培养大志、大量,是走向光明的起步。范仲淹有"先天下之忧而忧,后天下之乐而乐"之怀,陈涉有"弃燕雀之小志,慕鸿鹄以高翔"之志;能效法先贤志士这种恢宏开阔的气度与眼光,人生必定有不同的境界。

第二,青年时要肯吃苦耐劳

青年的时候,不要只想享受前人给我的恩泽,或是享用父母长辈遗传给我的遗产。"要怎么收获,必先怎么栽"!未经流过汗水的耕种,收不到丰硕的谷米;没有付出心血的努力,尝不出甜美的滋味。所以,每一个人都要把握青年时期,靠自己发愤图强,吃苦耐劳,求取生存,创造事业。

第三,壮年时要不妄自菲薄

胡适曾说:"种种从前,都成今我,莫更思量更莫哀。"有人到了壮年时期,回首过去,望向未来,有时不免慨叹自己年近半百,一事无成,光阴虚度。其实,壮年正是人生的黄金时期,也是逐渐迈向成熟稳健的时候。如孙中山说:"立志,要做大事,不可要做大官。"即使我只是出租车司机,我把车子开好,让每一位乘客欢喜,就是成功的司机;我是盖房子的建筑小工,我把小工做好,让这栋房屋住起来令人安心,就是成功的工人。即使只是一个清道夫,也都是伟大的,他冒着生命危险,清扫街道,他不嫌肮脏恶臭,搬运垃圾,对世间也都有所贡献。所以,壮年时期的人,不必妄自菲薄。

第四,老年时要能传递经验

老马识途,老牛舐犊,一般也有所谓"老人是一宝"。人到老来,体会到人生的意义已不在色身的长久,而是在功德慧命的无限。老年人的阅历丰富,这时要把自己的智慧、经验传授出去,所谓"老干新枝",才有生命的传承。所以,年老人要给青年人传承交棒,生命的延续就可绵延不绝。

身体的四大调和,则身心轻安,健康活力;生活依止四正勤,则精进不懈,远离烦恼;一年四季调和,如《论语》所说:"四时行焉,百物生焉。"《左传》里的"君子有四时,朝以听政,昼以访问,夕以修令,夜以安身",说明一天之中,也有不同规划。人生四时,各有责任、义务,每个阶段都是值得我们学习,值得我们付出努力的。

人生四得

凡人之心,在有所得!得到金钱、得到爱情、得到物质、得到利益,只要眼见心想的,我们都想得到。其实,人生很多时候有得必有失,尤其真正的所得,也不一定只在有形上面着意;过去做国家的领导人要得人心,做长官的要得到部下的拥戴,这才是真正的有所得。关于"人生四得",有四点看法:

第一,谦恭获得尊重

我们和人相处,谦虚恭敬,必定能获得对方给我们的尊重。所谓"敬人者人恒敬之,爱人者人恒爱之";我对他人谦虚恭敬,他人必定也会对我以礼相待。《抱朴子》云:"劳谦虚己,则附者众;骄倨傲慢,则去者疾。"所以人和人相处,如何能把彼此的关系拉近?如何获得广大群众的敬重?最好的方法就是低一点头,多一点恭敬。

第二,宽厚获得拥护

唐朝柳宗元为官爱民如己,当地人特别为他造一座"柳侯庙"以示感谢。我们待人如果宽厚一点,必定能获得对方的拥护;反之,对人过于严苛,必招反感。过去历朝时有民间造反的事件发生,为什么?因为为官者不宽厚,苛捐杂税,剥削百姓,大家穷苦难熬,自然要聚众造反了。所以,"唯宽可以载人,唯厚得以载物",我们要想获得别人的拥护,宽厚是不能少的美德。

第三,诚实获得信用

周幽王烽火戏诸侯的教训,今古引为借镜。在实际生活中,我们跟人相处,如何获得别人的信任?就是在彼此往来之中,要让对方觉得我很诚实,我所说的话能兑现,我所做的事都很有分寸,自能令人生信。像春秋时代的正乐,他的诚实代表了鲁国的信用。《韩诗外传》曰:"见其诚心,石为之开。"曾国藩说:"诚则金石可穿。"足见信用是无价之宝,信用是人的第二生命。

第四,仁慈获得高贵

我们常用"仁民爱物""民胞物与"来形容仁爱的君王;用"慈佑众生""无缘大慈,同体大悲"来形容诸佛菩萨的慈悲。可见一个人要想令人敬重,必具有仁德之心、慈悲之念;能够待人慈悲仁厚,不但到处令人仰望,自己的道德人格也会升华,所以对人仁慈,能令自己高贵。

"恭则不侮,宽则得众,信人任焉,敏则有功,惠足以使人"。日常生活之中要想有所得,不妨照此"人生四得"去做。

人生四乐

人生如四季,心境也如四季,当一个人陷入悲苦的情境,即使身处春天,也会觉得寒如严冬;一旦跳脱烦恼的束缚,即使是在夏天,也会觉得清凉自在。所以,能够超越现实世间的人情冷暖,不管春夏秋冬,一年四季自有无限的乐趣。谈到人生四季,有四种乐趣:

第一,春观众花香

春天到了,大地苏醒,百花灿烂,千娇百媚,芬芳宜人。春天如同初生的婴儿降诞世间,生命充满活力;春天走过的地方,人生充满无限的希望。所谓"草色花香,游人赏其真趣",生在这个时候,人生一乐也。

第二,夏品甘露茶

夏天到了,你觉得天气炎热吗?偶尔在凉棚里、树荫下,三五好友喝一杯茶,如饮甘露一般;朋友齐聚一堂,彼此交谈的笑语、友谊的交流,亦如和风一样!夏日,何妨啜饮一口清茶,唇齿间留有多少茶香余味,心里又留下多少热忱气息,不亦人生之乐也。

第三,秋赏清凉月

"月到中秋分外明",秋天,一个更靠近明月的季节,气候一冷,天上的月亮愈是清凉,看看那种皎洁的明月,想起寒山大师的"吾心似秋月,碧潭清皎洁;无物堪伦比,叫我如何说"?诗仙李白也道出了"举杯邀明月,对影成三人"的潇洒自在。生活中,有如此的雅兴,真是人生三乐也。

第四,冬听爆竹声

冬天到了,就是新年来了,这家放爆竹,那家放爆竹;这里"恭喜!恭喜!"那里"恭喜!恭喜!"人与人之间借此拉近了距离,这是多么美妙的事。"爆竹声中除旧,桃符万象更新",新的一年,新的开始,一切都可以重新来过,此为人生四乐也。

一年四季,春夏秋冬,时时各有美景;同样的,人生 24 小时,也是无时不快活。穿衣服不欢喜吗?吃饭不满足吗?乘车外出看看风景,不快乐吗?甚至安步当车,慢慢走路运动,不是也很自在?所以,衣食住行、行住坐卧,都能够寻找快乐,我们何必要自陷悲苦的情绪中呢?何不找寻人生的乐趣呢?

人生四可惜

每个人的一生，都有很多学习、成功的机会，但往往因为自己轻易拒绝，不懂得把握因缘，因此留下遗憾。所以凡事不要轻易说"不"，当你说"不"的时候，机会往往因此而丧失，实在可惜。关于"人生四可惜"有四点意见：

第一，此时不学一可惜

人在年轻的时候，应该努力读书学习，但有的人却糊里糊涂地过日子，真是可惜！有时候人生巧遇明师，却轻易放弃追随，此际不学，实在可惜！难得天赐良机，可以学习一些技能、一些道理，却不去用心，未免可惜！学习有助于心智的成长，学习可以帮助我们明白道理，孔子"十五而志于学"，正是由于早学，因而对后半生的生涯岁月起了决定性的作用。所以"幼不学不成器，人不学不知义"，人生不趁早学习，是一大可惜。

第二，此日不勤二可惜

我们每个人，一天有一天的事业，一年有一年的事业，一生有一生的事业。可是如果一日不勤，就是一日荒废；两日不勤，就是两日荒废；一生不勤，就是一生荒废，所以都在可惜中度过了人生。

唐朝的张玄素,眼见太子经常喜好游牧而荒废学业,于是劝谏太子,要学习古圣先贤"日知其所不足"的心态行事。一个人能知所不足,就会精进用功;否则蹉跎了人生的黄金岁月,不懂得日勤有功,是二可惜。

第三,此身不修三可惜

人生最大的忧虑是生死,懂得因缘果报的佛教徒,都会积极勤修戒律、禅定与智慧,希望将来不要再受无数轮回之苦。其实不是只有出家的僧伽,才需要修行,任何人想求得生命的进步,都应该要修养身心,健全自己。但是一般人多数不讲究自己的风度、威仪,不及早为自己立功、立德、立言,更没有想到要为后代子子孙孙留下生命光荣的历史。所谓"此身不修",是三可惜也。

第四,此心不明四可惜

人常常揣摩别人的心意,却无法明白自己的心,所以人真是很愚痴、很可怜。佛教的禅宗讲究"明心见性",更有"此心不明,如丧考妣"的省思,所以多数参禅的人,都会努力在心地上耕耘,务期找到自己的本来面目。无根禅师出生入死,进火盆、入水里、钻泥土,就是要找个"我",可是我们有几个人想要明白自己呢?常常怨怪别人不了解我,可是自己又何尝了解自己呢?所以说,人生最大的悲哀是无知;此心不明,是四可惜。

人生的机会很多,但绝大部分因为自己踌躇不前而错失了,所以,在有限的生命中,要自我超越,就不能不先认识"人生四可惜"。

人生四勿

人生好比行驶在一条快速道路上,必须小心谨慎,不侵犯别人的地界,尤其要注意各种警告标志、路标指示,才能安全到达目的地。究竟人生的道路上,有哪些警告标志需要我们遵守呢?

第一,见贤勿慢

人情上最常见的烦恼就是嫉妒和傲慢,有些人只要见到能力、学问、成就比自己好的人,就心生嫉妒,甚至毁谤、障碍。《论语》言:"见贤思齐。"对于贤者应效法学习,像鸠摩罗什的小乘老师槃达多,反拜罗什做大乘佛法的老师,大乘、小乘互相为师,传为美谈。把人家压低才能称自意的人,只会流露自己内心的傲慢与浅薄。能虚心就教,才能更令人尊敬。

第二,见善勿谤

许多人有个坏习惯,看到别人行善、服务造福社会,不但不随喜助成,反而恶意中伤,甚至讥评"专会沽名钓誉,取媚矫俗不足论",这样任意批评、肆意践踏,哪里还有人愿意做好人、行好事呢?社会上多一些好人好事,难道不是我们大众共同的幸福吗?因此,一个人即使没有力量为人服务,看到别人行善,也应该要能随口宣扬赞叹、随心祝福,千万不可传恶不扬善。

第三,见慈勿坏

慈悲是做人的根本,不但能增添世间无限的芬芳,更能成就无数善缘。有了慈悲心,会爱人如己,也会爱世间的一切。但有一些人就是欢喜破坏,佛陀称这种人是"从冥入冥",孟子也批评此为"非人"。在世间上做人,宁可什么都没有,但是不能没有慈悲,能慈悲对待一切众生,人我之间才能和合安乐。

第四,见智勿逞

一个有内涵才智的人,在群众里面总是行事低调,虚心谦下,懂得韬光养晦。他不会争强好胜,一再表现自己,或是锋芒毕露,争着出头。世亲菩萨本来学习小乘佛法,直到接触大乘法义的精要,才惭愧、苦恼过去以小谤大的过失,后来写下许多不朽的大乘论典,裨益后世无数众生。做人不要时时想要争先,处处想要当头,经常和人逞能争功,只有更加显露自己的愚昧与笨拙。

在人生的道路上,让我们迷路的原因有很多,思想上的迷失最难获救,尤其无明、愚痴,会让我们远离平直宽广的大路。

交谊四勿

做人总有朋友。有时候一个人的能力大小，从他的交游层面可以了解，因为一个人的成功与否，与他的交游结缘有很大的关系。假如他能获得别人的信任肯定，让人感到他有道德、有慈悲、有信用，别人自然乐意协助他。尤其朋友相交，不在钱财的多寡、地位的高低，而是有没有人格、有没有品德，就是修行道友往来，也是讲究有没有信仰、有没有慈悲。但是在人生路上，不一定都遇到与我们相应的人，在面对各种不同的人时，以下"交谊四勿"提供大家参考：

第一，勿谄媚有势之人

经典有谓："诸行尽归无常，势力皆有尽期，犹如射箭于空，力尽还堕。"做人，不可以用谄媚的态度去对待有权势的人，你一味地谄媚、逢迎他人，失去自己之外，也不会获得他人的尊重，甚至只是让人看不起。尤其你谄媚有势之人，好比把箭射向空中，当势力用尽时，只有伤害自己，增加自己更多的烦恼。

第二，勿欺侮失意之人

人生总有高低起伏，有的人钱财被人亏损，有的人从高位、官场下台,乃至事业不顺遂、失败等,对于一时失意的人,你不能太过现实而欺负他、讪笑他、背弃他,应该给予安慰同情、给予协助关怀,帮助他渡过难关。等到他日东山再起时,他必定会感谢你。

第三,勿气激好胜之人

有的人在官场上得到提拔,或在商场上得到机会,甚至在做人、处事、人缘上都得到很好的胜势时,若是道不同者,面对这样的人,你尊重他即可,不必去嫉妒他,或排挤他,更不可以用气势去对付他、打压他。如果你用气势对付好胜之人,只会引起对方更大的芥蒂、不悦,认为你在与他唱反调,反而对你不利。

第四,勿妄议得益之人

有的人即将得到利益了,或是他的事业就要成功了,合伙的事业得到好处了,你不要随便妄自批评、任意毁谤、从中破坏,因为这对自己没有好处。只要是好事,不如心存厚道,给予对方祝福,随喜助成,共同成就一件美事。

在做人处世上,这"交谊四勿",不得不慎。

夫妻四要

男大当婚,女大当嫁,乃人伦之始。男女成家立业,结为夫妻以后,一定要同心协力,彼此之间,互信、互谅、了解、体贴,是维持家庭祥和安乐的重要因素。以下"夫妻四要",贡献给有心组织和乐家庭的夫妻:

第一,要一只眼睛

男女双方,在还没有结婚之前,可以用两眼把对方的缺点、优点、性格好坏,看得透彻,看得明白。但是结婚以后,成为夫妻了,要用一只眼睛,以一心一眼相待,不要用许多眼睛来分析对方,或者不要看得太仔细,算计得清楚,这样的夫妻感情才会持久。

第二,要一心两人

夫妻是来自两个不同家庭背景、两个独立个体、两种不同性格的结合。既然要在一起,就要兼容、相爱、相助、相成,一心一意地真心相处,才能发挥夫妻共同体的信心、力量,相互扶持。

第三,要一句好话

俗语说:"爱情是甜蜜的,生活却是现实的。"做了夫妻,朝夕相处,许多现实的问题都会跑出来,不像谈恋爱的时候,都是你侬我侬、甜言蜜语。所以夫妻之间,更要每天营造美好的生活气氛,这不外乎多一句赞美的好话。有时候,一句甜言蜜语、一句赞美,比赚多少金钱、买多少礼物送给对方还要重要。因此,一句好话加油打气,是感情的润滑剂。

第四,要一个意见

夫妻要能和睦相处,往往需要先经过共患难的日子。俗语说:"要做神仙眷属,先做柴米夫妻。"如果夫妻之间,在面临疑问挫折的时候,意见相歧,看法南辕北辙,怎能共同解决生活的艰难?如何一起渡过难关?所以,夫妻虽是两个人,但是不论在什么时候,意见看法一致,才能同心,节拍步调一样,才能同鸣。如此,这个家庭一定会平安和乐。

所谓"千里姻缘一线牵",夫妻共同组成家庭,必定有深厚缘分。

四等婆媳

自古以来，婆媳相处一直是社会、家庭的重要问题。有的婆媳亲如母女，相处得水乳交融；有的婆媳则势如水火，彼此互不相容。婆媳之间的相处之道，实在是一门大学问。一般常见的婆媳有四种层次：

第一等婆媳，如母女亲密

最好的婆媳关系，就像母女一样的亲密。别人家的女儿成为你的媳妇，同住一个屋檐下、同吃一锅饭，你应该将他视如亲生子女般相待，能以体谅的心、关怀的情来对待媳妇；做媳妇的，也应该将婆婆视为母亲般侍奉，能对婆婆体贴、关心，偶尔也可以对她撒娇，并能时时找婆婆聊天，谈谈工作、谈谈心事，让婆媳之间如母女般地来往，如此可让婆媳的关系更为亲密。

第二等婆媳，如朋友尊重

婆媳之间虽不能如母女般相待，也要如朋友般尊重，彼此以同理心设身处地了解对方的辛劳，并且给予彼此生活的空间。媳妇能凡事请教婆婆的意见，表示尊重婆婆；婆婆也能尊重媳妇的感受，表示包容媳妇。当彼此有了不同的意见或看法时，要能适时地作好沟通,如此才能和谐相处。

第三等婆媳,如宾主客气

如果你做不到第一等、第二等的婆媳,至少也要做到第三等婆媳。第三等婆媳就好像主人与客人一般,彼此客客气气,既不斗气,也不会互相看不顺眼,因为哪有主人看不上客人的道理呢?所以彼此应该有的礼貌不可忽视,并且要经常为对方的付出表示感谢。有事出远门,必定告知去处;从外地回家,也能带个小礼物,彼此客气、尊重,才能相处愉快。

第四等婆媳,如冤家相聚

第四等婆媳是最差劲的相处,有的婆婆把媳妇当成冤家对头,认为是来抢儿子、抢家产、抢当家的;媳妇一嫁到人家家里,也不勤快,只会发号施令,整天跟婆婆计较谁的家事做得多,或是不断在先生面前数落婆婆的不好,尽说婆婆的坏话,让身为丈夫、儿子的夹在婆媳之间难以做人。曾国藩说:"骄为凶德,惰为衰气,二者皆败家之道。"属于冤家对头的婆媳,要引以为戒。

朱熹说:"循礼保家之本,和顺兴家之本。"莎士比亚也说:"家内不和,是困乏的巢穴。"家庭是生命的延续,也是道德操守的传承,如果婆媳之间不能好好相处,如何发挥家庭的意义呢?婆媳之间,如能凡事都往好处想,用以代替无谓的计较,如此必能家族和睦,相互信赖,彼此依恃,成为一个幸福的家庭。

对机四法

"药无好坏,对症者良;法无高下,应机者妙"。懂得应病与药,就是好医生;能够观机逗教,就是好老师。所以世间事没有绝对的好与坏,重要的是要能对机。"对机四法"提供参考:

第一,对贤能者,要服之以德

我们与人交往,有幸交到贤能的朋友,或是用了贤能的人才,我们要服之以德,不可以用气势来对待他,也不可以用金钱来役使他。一个贤能的人,在意的是被尊重,只要你能待之以礼,尤其你自己本身有德性,你自己健全有德,贤能的人自然愿意为你所用。

第二,对乖张者,要驭之以术

有的人个性顽劣,行为乖张,对于嚣张跋扈、狂妄自大的人,要怎么跟他相处呢?驭之以术!也就是要有一些权巧方便。如同顽劣的马,驯骑者都会懂得调伏之道,有时候固然要顺着它一点,有时候也要驭之以术,懂得软硬兼施、恩威并重,才能降服它。

第三,对朴拙者,要赋之以专

假如我们相处的朋友或部属,他的为人很朴实,甚至很笨拙,我们应该怎么办呢?要"赋之以专"!也就是不要一下子交付他很多事情,只要让他单纯地做好一件事,他就会专心一意地去做,如果一下子要他做两件、三件事,到最后可能一件事也做不好。

第四,对顽劣者,要教之以方

有一种人顽强不受教,如果不幸遇到这种部属,你也不能一下就开除他、放弃他,只要你有耐心用慈悲来待他、教他,或者用鼓励代替责备,也能让他感动、服气。甚至赞美、鼓励之外,有时用严格、威力来降服他,只要你能运用得法,都能驯服顽劣者,让他心甘情愿地跟随你。

人与人相处,投缘之外,"对机"也是重要的驭人之术。

君子四不

世界上的人,好人一半,坏人一半;君子一半,小人一半。好人受人欢迎,君子则受人尊重;坏人、小人大多为众人所唾弃。为何古人这样器重君子呢?因为君子着重自我的修持,行住坐卧不会随便,让人感到崇高,值得敬爱。如何成为一个君子?这里提出"君子四不",供大家参考:

第一,君子不妄动,动必有道

《论语》说:"君子道人以言,而禁以行。故言则虑其所终,行则稽其所敝。则民慎于言而谨于行。"所以一个君子说话必定有其道理,他们会要求自己谨言慎行,凡事讲求合乎礼仪、不随便,每当有所行动,必定有其用意,此即所谓不妄动,动必有道。

第二,君子不徒语,语必有理

谣言止于智者,因此,君子常是非礼勿言,守口如瓶,不说空话,不讲不实在的话。但在该说的时候也必定会说,因为应说而不说,有失于人;不应说而说,则是失言。要做个君子,必须能不失人也不失言。君子所言,都是有意义的话,慈悲的话,正义的话。所以君子不徒用语言,说话必定有理。

第三,君子不苟求,求必有义

古有名训:"君子爱财,取之有道。贞妇爱色,纳之以礼。"君子相当爱惜自己的名誉,对于欲望有所节制,不会贪取妄求不属于自己的东西,不会以苟且心态妄想获利,更不会落井下石,谋求私人利益,强取豪夺。一个君子假如有所求,一定是为了国家、为了社会、为了正义,必定是为民求利,代众生而求。

第四,君子不虚行,行必有正

如果是一个君子,他的一言一行,都不会随便,凡事他都会经过再三的考虑:这个行为会伤害到他人吗?这件事情会对别人不利吗?想清楚了,他才会有所行动。所以君子的行为必定合乎正道,另外,佛教说一个修行人,其言行必须合乎"八正道",所谓八正道,就是要讲真实的语言、要起正直的念头,要说正直的话、做正直的事、修正直的行……做人处事,如果能以八正道为原则,就不会有差错。

君子四真

身为君子,平日待人以诚,求学以专,谨言慎行,其所行都是正道,不会徇私贪求,没有妄想邪念,如《论语》所言:"君子食无求饱,居无求安,敏于事而慎于言,就有道而正焉,可谓好学也已。"君子不求吃饱、住好,在为人处事上,却都能真心以待。一个君子需能做到以下四真:

第一,真心无妄念

俗话常说:"真诚能感动天""心诚则灵",指的是只要心念纯真、诚恳,没有妄想杂念,事情就能成功。这与佛门所言"置心一处,无事不办"是一样的道理。过去管宁有"割席绝交"之举,他因不受外境影响,所以能有所成就。曾国藩也曾说,每做一事,便需全副精神,专注于此,首尾不懈,不可见异思迁。因此,做一个君子,首先需常保真心,去除妄念。

第二,真口无杂语

君子惜字如金,不随便出口,不闲言杂话,凡有所说,都是实在的语言,故出口皆能为人所信。如佛经皆为佛说,皆为解决弟子之疑惑,所以《金刚经》称佛陀是真语者、实语者、如语者、不异语者、不妄语者。佛陀的弟子中,智慧第一的舍利弗,也一向是实话实说,连玩耍的时候,也不作戏论,可谓难得的君子。

第三,真耳无邪闻

佛陀常告诫弟子:"谛听,谛听,善思念之!"意思是要弟子用心去听,不可道听途说,更不能听是非。有一次,我和中国佛教会赵朴初会晤,赵夫人说他:"怎么平常耳朵都听不见,大师的每一句话却听得见了?"赵朴初说:"我的耳朵只听该听的,不该听的就听不到了。"君子修养真耳朵,懂得静听、谛听、慧听,没有邪闻,不正当的就听不到。

第四,真目无错识

人生有两只眼睛,是要我们看得真,看得切,不能错看。真正的君子善恶分明,如包青天的铁面无私,凡有所断,必有其依据,故能料事如神。一般人常常以为亲眼目睹的,不会有错,却常有疏漏。君子判断事情,都有凭据,不乱下定论,所以没有错乱。这要靠平常的经验,及观察力的培养;眼明心细,才能够看出真相实相。

君子四心

君子受人之恩,会心心念念不忘图报;有所余裕,也会施人恩惠而不望回报。君子对自己的要求非常严格,行事恭谨,且心地正直善良,于道业的修持精进勇猛,对于自己的缺点,则力求改过;在交友上也选择益友、善友;待人讲求道义,态度上恭下谦,能和光同尘,不会刻意造作,也不同流合污。总之,君子对一切人事物都相当用心。君子有四种用心:

第一,为人做事有忠诚心

古之君子重承诺,轻生命,因此,受人之托,必忠人之事。他们带着一片忠诚的心把事情做好,不会轻诺寡信,有所承诺必定会兑现。君子认为事情不完全是替别人做,在完成自己的诺言的同时,自己的人格道德,也会健全、升华。君子的忠诚如比干剖心,子胥鸱夷,皆能以心相照,让后人缅怀和敬佩。

第二,朋友相交有信义心

用金钱可以交朋友吗?可以交到酒肉朋友,但交不到患难的知心朋友。欧阳修说:"信义行于君子,而刑戮施于小人。"君子讲信用、讲义气,遇到大难,宁以义死,不愿苟活,视死如归!而且保护朋友于前，绝不会自己先逃。要交到好朋友，自己也要有信有义；在信义感召之下，就能结交真诚相待的朋友。

第三，侍奉父母有孝养心

一个人如果平时不孝养父母，轮到自己年老，儿女也会依样学样，不孝养侍奉。届时，抚今伤惜，想到亲恩浩荡，往往是"树欲静而风不止，子欲养而亲不待"，为时晚矣。君子对于滴水之恩，都当涌泉相报，何况是对待血浓于水的亲生父母，他必定是孝心奉养的。

第四，厚待贤者有恭敬心

君子礼贤下士，修德行政，屈己于人，好名散于四方，许多人都愿意与之为友。同样的，我们对于学者专家，或有一技之长的人，也要能谦恭有礼，让他们感受到自己受重视，而愿意发挥己长，为大众服务，为社会奉献。

君子做人忠诚、讲信义，对于亲长重孝悌，对于贤者，则以恭敬心厚待。佛经中常说，佛法在恭敬中求，有恭敬的心，就能得到真理。

四艺与人生

"琴棋书画"四艺当中,有的人喜欢弹琴,有的人欢喜下棋,有的人喜欢读书,有的人喜欢画画。"琴棋书画"四艺俱佳的人,一般被赞美为多才多艺。四艺与人生其实有着很密切的关系,说明如下:

第一,琴,是天籁的使者

古人云:"心无物欲乾坤静,坐有琴书便是仙。"琴的原始意义是"禁",目的在禁止浮邪,使其归于正。刘禹锡的《陋室铭》说:"可以调素琴,阅金经。无丝竹之乱耳,无案牍之劳形。"琴有五弦,琴音宽厚而不松弛,清昂而不紊乱,当万籁俱寂的时候,琴音琮琮,美妙的音声使人如入画境,俗虑尽涤,难怪古之隐者喜欢过着"焚香操琴"的山居生活。

第二,棋,是人生的写照

人生如棋,人可以不下棋,但不能不走人生的棋。因为人一出生就在棋中,一盘棋就等于一个人生的写照,所以,我们应该谨慎看清全盘,以免一棋走错全盘皆输。一个理想高、眼光远、心胸宽、脚步稳、无私无我的人,才能看清全盘;有社会性格,在团体中能做一颗活棋，才能找出自己的因缘，为自己的未来开辟一条光明大道。

第三，书，是智慧的宝库

读书可以变化气质，所谓"腹有诗书气自华"，甚至"书中自有黄金屋"，读书可以增加知识、开阔视野、启发思想。书中自有一切智慧宝藏，世间上的财富再多，总有用尽的一天，甚至有被偷、被抢的危险，唯有读书求取智慧，这是别人偷不走，也是生世用之不尽、取之不竭的宝藏，所以我们要饱读诗书，这是人生最有智慧的投资。

第四，画，是自然的投影

一幅画，可以是大自然的缩影，可以是人物的写真。不管是国画也好、西画也好，不管是素描也好、水彩画也好，一张纸，我们画上世界上最美好的人事物，就像把大自然投影在画布上，所以不管自己作画，或是欣赏别人的画作，都是人生一大乐事。

人生，要想活得多姿多彩，可以借助于琴棋书画来丰富生活，因为四艺象征着人生。

信仰四不

从民智未开时,人类就对大自然产生信仰。有了文明之后,除了追求物质生活的满足,更追求精神和信仰的生活。但是,信仰如交友、如选择伴侣,一旦交错了朋友、选错了婚姻对象,往往失去终生的幸福。如何选择正确的信仰?提供四点看法:

第一,不乱信而真

台湾的民间信仰,可说是众神济济,五花八门。一般人信仰神明的心态,是当遭遇困难无法解决时,希望借由神明的庇佑和帮助来化解困厄。佛教和其他宗教最大不同之处,在于佛陀的教法是以修心见性为上,认为与其消极地祭祀祈福,不如积极地净化心灵、开启智慧;这也是佛教能令人究竟解脱的原因。

第二,不邪信而正

目前社会上,虽说正信的宗教不少,但是假借宗教之名,行敛财诈骗,或者相信怪异神奇、活佛真人者也颇多。有些人并非刻意要邪信、邪行,只因为未能运用智慧辨别是非,了解事理的真相,致使行邪事而不自知。因此我常说宁可不信,但不能邪信,邪信会让我们走错了路,甚至害人害己,那就非常不值得了。

第三，不坏信而善

佛经云："信心门里有无尽宝藏。"信心是我们的无上财宝，所以佛教说修行要建立"四不坏信"，以"四不坏信"来保护信心的根苗。一个人如果能对三宝不怀疑，对四圣谛真理不怀疑，对师门道风不怀疑，对自己的真如佛性不怀疑，必然能"除一切烦恼，成就一切出世功德"，而"能出生一切诸佛"，在生活上，永不退失菩提心，而真正安住身心了。

第四，不退信而进

中国教育家蒋梦麟曾经说："做事时，困难不成问题，危险不成问题，所患者，无伟大之精神矣。"自古帝王将相之所以成功，无不是因为信念坚定，而能从重重困难中脱颖而出。在修道的过程中，也会有各种关卡的考验，如名关、利关、生死关等等，可说是关关难过。一位真正的修道菩萨，遇到困难关卡，不管是苦是乐，都会视为考验，而不生退怯。

正信的宗教，必定能够帮助众生解脱生死苦恼，净化人格。

卷四 | **处众四法**

待人处事要能知理、知事、知人和知情，
为人处世更要知己、律己，
进而要知所应戒。

处众四法

"众"这个字,亦即三人以上就成为"众"。人是群居的动物,无法离开大众,你一离开大众,就没有办法生活。例如吃饭,要有耕作者种田、栽菜;穿衣,要有许多人的织布、设计、裁剪;外出办事旅游,没有大众运输工具的驾驶人员协助,无法抵达;一场表演,没有相关人员的集体创作,也无法欣赏;乃至从小父母养我、育我;长大后,老师教导我、启发我;工作时,朋友同事帮助我、影响我。生存在世间上,无一不是靠大众来培养我们、支持我们。所以我们要有与众和合相处的方法,以下提供四点意见:

第一,要坦诚大方

与大众相处,要先接受别人,人家才会接受我们。要人家接受我们,自己先要坦诚大方。如果你扭扭捏捏、怯懦胆小,心中有事不愿表达、怪里怪气,怎会得到他的人的信任?在团队里,你行事不愿光明坦诚,主管又怎敢将重任交付给你?甚至同侪也会觉得难以和你相处。因此,在大众里,要养成开朗大方的性格。

第二,要感恩说好

《说文解字》:"感,动人心也。"感,也是相互应如、影响的意思。

在大众里,人家给我恩惠,给我帮忙,我心存感恩,表达谢意,双方相互感谢,彼此心意交流,人际关系一定和谐美好。时时感恩的人,永远知足常乐,精进不懈;不知感恩的人,有如槁木死灰,不但不能与真理相应,也无法和大众快乐相处。

第三,要虚心下问

在大众里,谦虚求教的人才能受到欢迎。所谓"人外有人,天外有天",每个人都有自己美好的特质,我们能虚心下问,发掘他人的专长,多问多看,可以充实自己,增加经验、智慧。假如我们"半瓶水响叮当",过度膨胀自己,只会让别人觉得自吹自擂,没有真才实学。

第四,要改过迁善

在团体里,自己有一些言行举止不如法时,应当从善如流,改过迁善。你能认错改过,不但不会失去自己的身份,反而能赢得更多的尊重;你能从善如流,就能融入大众中,才能获得大家的接受和肯定。

所谓"一人不敌众人智""众人拾柴火焰高",就在丛林寺院里,也有"入众五法",教导初来乍到的学人必须知道的五件事,可见"众"的力量不可忽视。

处世四戒

待人处事要能知理、知事、知人和知情,为人处世更要知己、律己,进而要知所应戒。能够严以律己,于道无亏,这是立身处世之要道。处世何事应戒?有四点说明:

第一,傲者恶之魁,故为人勿傲

傲慢是一切罪恶之魁首,有的人常常在言行之间,出言不逊、态度傲慢,令人心生反感,所以本来是多年的好友,因为你的傲慢而慢慢疏远你;本来是一件美好的善事,因为你的傲慢,别人不和你共事而搁置。因此做人不要以为自己有钱就可以傲慢,不要自恃有才华就可以傲慢,其实,真正成熟的稻穗,头垂得愈低,所以一个伟大的人必然会更加谦虚,能够虚怀若谷,才能涵容一切。

第二,诈者德之贼,故处事勿诈

人言为信;言而无信不足为人,故诚实是做人的基本修养。有的人做人虚伪、奸诈,与人来往常常喜欢耍一些小动作、占一些小便宜,自己还洋洋得意,以为别人不知。其实一次、二次,别人不计较,次数一多,自己的人格破产,别人也不屑与他往来。因此人际之间,所谓人心难测,靠一"诚"字能知交;尔虞我诈不但伤和气,一且身败名裂更是划不来,所以待人处事千万勿诈。

第三,谄者行之丑,故接物勿谄

做人不可傲气,但要有傲骨。所谓傲骨,就是为人正派,不因小利而趋炎附势,阿谀谄媚。谄媚,是人类最丑陋的行为,善于逢迎谄媚的人,必为正人君子所不齿。所以,智者不以谄媚之言惑人,也不为谄媚之言所动。

第四,虚者言之浮,故言谈勿虚

《论语》云:"君子不重则不威"。言行虚浮不实的人,很难获得别人的敬重,举凡伟大的人物,如玄奘大师"言无名利,行绝虚浮"、澄观大师"身不行轻浮之为",他们的行仪至今仍为人所称道。所谓"人必自侮而后人侮之,人必自轻而后人轻之"。因此,我们立身处事,虽不能自傲,但也不能虚浮自轻。

为人处事,不必患人之不重己,而应患己之不重人。为人只要能坚守自己的分际,不使道德修养、人格操守有亏,自然会获得别人的重视。

处事四智

事无难易，人有能干与否。一个能干的人，再难的事，到他手中都能做得有声有色；不能干的人，大事做到后来也成了无声息的歌唱。其中最大的原因，就在于有没有克服困难的毅力与智慧。懂得克服困难，便具备了处事的智慧，所以"处事四智"，有四点说明：

第一，任难任之事，要有力无气

做事难免会遇到困难，这时候要用意志力去克服困难，要加倍地努力、认真去做，千万不能生气，也不要赌气、泄气，更不能以气势来压人。能以诚心、毅力来赢得大家的信任，取得大家的共识与拥护，再困难的事都能迎刃而解。一个人能完成一般人难以承担的艰巨任务，不但肯定自己的能力，同时也让生命的价值得到更大的发挥。

第二，处难处之人，要有知无言

人与人相处，要懂得"跳探戈"，你进我退，我退你进，彼此心照不宣。尤其对于一些难以相处的人，更要"有知无言"，凡事心知肚明，但不说破。因为不管你说好说坏，到了对方耳中，都会变了质，所以最好不说，静观其变，这是处难处之人最好的方法。

第三，行难行之道，要有信无惧

学佛修行，有所谓"难行道"与"易行道"之分。一般说念佛法门是"三根普被"的易行道，参禅开悟则是利根行者才能入门的难行道。其实最难修行的是菩萨道。菩萨发心为人，"但愿众生得离苦，不为自己求安乐"。因为他肯定这是修行的真意，他有了信心，就无所畏惧，就能舍身忘躯，难行能行。因此不管任何行业，都要如修行人一般，行难行之道，要有信无惧。

第四，忍难忍之苦，要有容无怨

佛经说"人身是一大苦聚"。生而为人，除了有生老病死、爱别离、怨憎会、求不得、五蕴炽盛等八苦以外，我与境、我与事、我与心，甚至我与人的不协调，都会产生身心的各种苦。例如听不顺别人的一句话，看不惯别人的一个作风，就觉得很难忍受。其实面对各种不顺己意的境界，要能容他、化他，而不要有怨。因为愈是怨恨，只有苦上加苦，所以忍难忍之苦，要有容无怨。

苦难折磨的人生，如磨刀之石，多一份苦难，便多一份坚忍，多一份折磨，便多一份毅力。

国政四要

印度悉达多太子,不惜舍弃王位出家修行,成就佛道后,他走入人群,关怀社会,不曾舍弃一法、舍弃众生,49年弘法不懈不倦,以教化人间为己任。佛经记载,佛陀曾和许多国王会面,提供治国的意见,像《仁王护国经》等。以下"国政四要",就是治理国家四个重要的方法:

第一,若要维持强盛,必须顺应天时

佛陀曾说:"国家要维持强大、盛况,必须顺应天时。"假如上位者不能顺天听命,不能顺着真理,不能顺着民心,上下如何同心?所以古语有云:"顺民者昌,失民者亡",《尚书》也说:"天视自我民视,天听自我民听"。因此,国家要强盛,领导者必须广开言路,才能获得人民心愿,国家自然会有力量。

第二,若要保持资源,必须因地制宜

每个国家都有其自然资源,能够善加利用,因地制宜,就能增加国家财富。所谓"靠山吃山,靠海吃海",各行各业如农、工、商、畜牧等,考虑各种生态环境,配合发展。同时,也要注意节流,尤其避免过度开发,造成资源枯竭,或"大自然的反扑",才能开创永续的财富。

第三，若要挽救危机，必须把握人和

一个国家、社会的政治生态当然很复杂，遇到急难的时候，最重要的是"人和"。古人说："家不和被邻欺"，同样的，国不和、民不睦，当然会被人所轻。因此，把握人和，放开心胸，所谓"三人同心，其利断金"，彼此尊重包容，立场协调，就能化危机为转机。

第四，若要社会发展，必须全心全力

一个进步的社会，一定是全方位的发展，无论经济、农工、教育、慈善、文化等，都受到均衡的重视，这就得靠上下每一个人全心全意，投入心力了。有力出力，有钱出钱，有智慧的贡献智慧，做好事、说好话、存好心，必能为这个国家社会汇集好的因缘，内则和谐发展，外则受人尊重。

孔子云："百姓足，君孰与不足？百姓不足，君孰与足？"又说："为政施以德"，让人民资具充足，不虞匮乏，安居乐业，领导者也能"如北辰，居其所而众星拱之"，国家自然富强安乐。

吸毒四害

现在社会上毒品沉滓泛起,有些人受到诱惑欺骗而误入歧途,只要染上毒瘾,几乎是危害一生,不仅个人花费钱财,并且威胁健康,乃至因为吸毒而家破人亡,断送幸福,严重者,危害国家社会安定,也时有见闻。清朝林则徐上书宣宗云:"鸦片若不禁止,数十年后,中原几无可御敌之兵,且无可充饷之银。"吸毒之害实在大矣。吸毒有哪些害处?

第一,吸毒危害自己的智慧

吸毒者,除了损失金钱外,也损害身心的健康。佛教虽未制定不吸毒戒,但举凡扰乱神经系统、覆盖清明神智的物品,如安非他明、鸦片、大麻、白粉、烟酒等,从现代角度诠释,都似五戒中的"不饮酒"。很多犯罪者,都是为了满足毒瘾,或是在神智不清下,断送自己美好的前途与希望,吸毒实在危害自己。

第二,吸毒危害亲友的名誉

一个家庭,如果父母吸毒,子女成长失去教养依怙,在学校同学间,还会受到嘲笑排挤;如果子女吸毒,父母无依,还要承担"养子不教"的非难,在亲朋好友、街坊邻里面前抬不起头来;甚至与朋友交往，大家生怕受你牵连，蒙上不好的名誉，久而久之，对你避之唯恐不及。

第三，吸毒危害他人的安全

吸毒除了危害自我之外，有时不听家人规劝，弄得眷属失和，甚至为了要钱买毒品，做出杀父弑母、伤害手足、窃盗、抢劫等非法的事情，自己招致杀身之祸外，还会危害他人安全，成为社会的不安定因素，受到法律制裁。

第四，吸毒危害社会的风气

毒品不但是一种恶性消费，阻碍经济正常发展，也使得社会风气萎靡败坏。像清朝末年，由于鸦片大量输入，使得中华民族受到列强欺凌，签订不少丧权辱国的条约，不但割地殖民，从此被称为"东亚病夫"，给百姓民族带来无尽的灾难和耻辱。

毒品，不但影响吸食者的情绪及思考，进而"控制"正常的生活，让人在黑暗中慢慢腐化，甚至动摇国本。因此，没有吸毒的人，应当谨慎小心，远离火坑，或受恶友鼓动；已经吸毒的人，更应该知道吸毒的害处，设法戒除。

胆怯四害

很多人由于敢做敢当、勇于向前,他就成功了。但也很多胆小的人,做什么事都没有勇气,叫他讲演,他说不敢;叫他做好事,他也畏怯;要他担当责任,他就推诿,怕黑、怕鬼、怕人、怕事、怕有什么闪失,这样的性格,只有在惧怕里过了一生,胆怯的过失实在不小。以下说明胆怯四害:

第一,失去成功的先机

一件事情,原本可以做得很好,因为胆怯,没有争取、没有向前、没有积极,就失去成功的机会了。或者机会来了,却因为遇到一点困难,就半途而废,或者还没去做,就把它看得很困难,一味找借口来逃避。这种懦弱、胆怯的表现,使你退缩,不能坚持到底,是很可惜的。

第二,失去贵人的襄助

三国时代刘禅,为人胆怯无志,什么事情都不敢承担,只是安逸害怕,没有一展鸿图的抱负,在战胜的关键时刻竟然撤兵。纵有诸葛亮、蒋琬等文臣良将忠心辅佐,最后也只有把江山拱手让人。这样的人,就算你花费再多的心血助他一臂之力,有再多的贵人也无可奈何,终究是扶不起的阿斗。

第三,失去精进的力量

传说老鹰是世界上最长寿的鸟,它们从荆棘窝中长大,40岁时,还要飞到高空绝壁上,自己撞石头除去旧喙,拔除爪甲和羽毛,重新生长,才能再活到70岁。动物如此,何况是人。很多人读书、考试、做事,甚至游戏、比赛,都会自我勉励:"再加一把劲""再努力一点",他就会成功。但是胆怯的人,什么都不敢向前,什么事都觉得不成、不妥、不可以、没有办法,这就失去精进的力量,失去突破的勇气。

第四,失去得度的因缘

过去有个人跌到山崖下,抓住墙壁上的树藤,祈求佛陀救他。佛陀说:"你把手放下,我就能救你。"由于他胆子小,不敢把手放开,佛陀也无法救他。这就是说,有好的因缘,只要勇敢向上,只要精进修行,可以成佛做祖,但是因为胆怯,叫他参禅他不敢参,叫他念佛他不敢念,叫他苦行他不敢修,没有力量,最后都失去得度的因缘。

胆小的人是怯弱众生,无所作为,要改变这样的习气,就要学习菩萨的大慈、大悲,大勇敢的精进力,发起大愿心,所谓"天下无难事,只怕有心人",有再大的困难,也能乘风破浪,勇敢度过。怯弱的人,要自我勉励去除以上胆怯四害。

读书四要与四忌

有上进心的人,无不希望自己进步成长,读书就是重要的法门。一个健全的家庭,少不了书香;一个健全的社会,全民无不以读书为建设方向。怎样读书,才是有效地吸收进步呢?以下这读书四要与四忌,可以作为参考:

第一,要深入

有些书你不能用"不求甚解"的态度来读,不但无法吸收书中精华,也无法真正了解,而是要深入提纲挈领、归纳、分析,并且记下读后感,才能真正转化成充实自己的养分。

第二,要怀疑

佛教有谓"小疑小悟、大疑大悟、不疑不悟",意指你可以从怀疑入门,去除疑惑,也就心开意解了。读书也是,你能小疑则小进,大疑则大进,却不能道听途说,否则"尽信书,不如无书"。因此求知的态度,应该在疑处求解,在不疑之处求实证,这才是求学之道。

第三,要虚心

经云"佛法在恭敬中求",读书做学问亦然。若心中固执、傲慢、不肯虚心探讨接受,再好的学问、知识,也都不能为你所用。

第四，要耐烦

广大精深的学问，非一日可得，必须耐烦有恒，才能通达。宋朝陆游对儿子说："古人学问无遗力，少壮功夫老始成。纸上得来终觉浅，绝知此事要躬行。"指的就是要耐烦、实践，亲身加以思维印证，读书才能通晓。

另外，关于"读书四忌"有：

第一，忌粗疏

有些人读书，看似知识丰富，百家皆通，但只要和他言谈，便晓得他对问题只是浮光掠影，略懂皮毛而已。所以圣贤也告诫我们读书要"博学之、审问之、慎思之、明辨之、笃行之"，千万不可粗心疏忽，一知半解。

第二，忌空泛

读书，不能只是在文字、理论上空谈，而不落实在日常生活之中。最重要的是实践，将所吸收的知识身体力行，才不致成为一个了无用处的"书呆子"。

第三，忌盲从

做人可以无我，但读书要有我。读书若无我，没有经过自己的思考、消化，终究拾人牙慧而已，尤其人家怎么讲，你就怎么信，这是非常危险的。所以读书要有我的慎思与明辨，才能有独立的思想出来。

第四，忌武断

读书未经消化，容易造成武断，自我执着，自我膨胀。如同覆盖的杯子，装不进任何法水，即使再好的知识，受用仍是有限，所以读书应保持学无止境、虚心求教的心态，才能有所成。

待人四法

"人同此心，心同此理"，人际相处，谁都希望别人以"和蔼之容""谦抑之气""恭敬之心""赞美之言"待你，那么自己也应该以此待人；能够"将心比心"待人，才能获得人和。"待人四法"说明如下：

第一，以和蔼之容见人

和蔼之容最亲切，最能赢得别人的好感；反之，严肃而冷漠的面孔，令人退避三舍，不敢恭维。因此我们每天出门，要把自己的心情调整好，即使有不愉快、难过、生气的事，也不能显露在脸上，不要把自己不快乐的情绪感染给别人；能以和蔼之容见人，别人必然也会报以善意的笑容。

第二，以谦抑之气处人

人和人相处，最忌摆出高姿态，一副财大气粗、盛气凌人的样子，如此即使你有再多的钱财、你的地位再高，别人也不会理睬你。做人要谦虚，要待人以诚、待人以礼，能够谦虚自抑，反能更显自己高尚的内在涵养。

第三，以恭敬之心待人

"三人行，必有我师焉！"人虽有智愚，但人格的尊严没有高低；

再说，愚者千虑，也有一得。因此，我们待人，哪怕对方是一个没有学问、没有能力的人，都要心存恭敬。所谓"敬人者，人恒敬之"，人和人能相互尊敬，家庭才会幸福，社会才能和谐。

第四，以赞美之言和人

人都喜欢戴高帽子，也就是希望听到别人赞美自己的好话。我们赞美别人，就是给人欢喜；赞美别人，能够消除人际之间的隔阂。赞美别人，自己也不会因此缺少什么，何必吝于对人赞美呢？所以，我们要想与人和平相处，学习很多赞美的言词，并且经常把好话挂在嘴边，并且常做好事、常存好心，人生必然一帆风顺。

语云："诚于衷，形于外"。待人和善的人，必有一颗善美的心，必是一个有修养的人。

吸收四不

食物必须经过吸收，才能提供身体有益的养分；学习没有经过吸收，就无法灵活地运用。在这个日新月异的时代，吸收各类新知，是现代人的重要功课。但是，如何吸收才能达到效果？有四点方法：

第一，不执己见

固执己见的人，不容易接受真理，如同覆盖的杯子，装不进任何法水；即使再好的知识，受用仍是有限。《大乘起信论》云："一切邪执，皆依我见。若离于我，则无邪执。"学习任何事物都要抱着"觉今是而昨非"的胸襟，随时调整改变，才能"与时俱进"地跟上时代脚步。

第二，不存偏见

一个人生病了，吃药打针也许就能痊愈，但是思想中了偏颇的毒素，就很难治愈。有些人固执自己的经验、学问，以成见、偏见看待世间事。甚至遇到任何事物，不究其好坏，只要与自己所知相违，就立刻产生对立与无明，结果反成所知障。僧璨大师说："至道无难，唯嫌拣择，但莫憎爱，洞然明白。"做人、处事必须"如器受于水",如果心中有先入为主的偏见,就像盆子里有洞,即使天降甘露,也会流失。

第三,不参杂见

人的思维很复杂,三个人可能就有多种看法。有人问一位禅师:"读经典时,遇到艰涩不懂的字,怎么办?"禅师回答:"查字典就好了。"许多事我们不必想太多,可以把它单纯化。见解、看法多不要紧,但不要复杂、琐碎,能将世间万物提纲挈领、化繁为简,才能吸收良好且运用自如。

第四,不漏善见

在生命旅程中,影响我们的因素很多,一个念头、一个看法,可能都会产生天壤之别的变化。佛教重视正知正见的养成,一个观念可以影响一个人的价值判断,甚至决定未来的命运,如《华严经》所说:"正见牢固,离诸妄见。"因此,我们要吸收美好、善良的观念,才能建立美满幸福的人生。

世间有很多东西,如知识、技术、科技等,是我们应该吸收的,但更要吸收慈悲、道德,才能得到人生真正的财富。

企业家的四业

一个企业团体要获得成功,关键不在于人员的多少,而在于管理者如何在自我发展与成就中寻找立足点,使企业组织里的每一成员,都能同心同德、尽心尽力地坚守自己的岗位。以下提出企业家的四业——专业、职业、事业、敬业;这些都是企业迈向成功的关键。

第一,要有专业的知识

专业知识,是衡量一个领导者是否有能力的重要依据之一。好比你开一家电子工厂,就要有电子专业知识;开一家木器工厂,则要对家具、木器有专业知识。掌握了相关的专业知识,才能对管理的项目、经营的方针进行有效的评估与合理的选择,也才能对部属和员工作正确的指导。

第二,要有职业的道德

做一个企业家,眼中不能只看到一时的利益,所谓"职业道德"是很重要的。比如企业之间有竞争,但也要有适度的合作,过度的竞争,只会使群体面临两败俱伤或全军覆没的危险。其他如生产过程中所产生的空气、水源、噪音等污染,或产品中不良成分对人体所造成的污染,都要尽力避免。

第三,要有事业的理想

做一个企业家,必须有事业的理想。例如竞争力要如何提升?事业要如何造福国家社会?如何造福全人类?怎样提高国家外销能力?怎样带来国家外汇等,都是开创事业的理想蓝图。有了理想,就能订定明确可行的事业生涯规划,为将来立下美丽的远景,立下可向往的圆满目标。

第四,要有敬业的精神

《周易》云:"天行健,君子以自强不息",作为一位成功的领导者,要有一种自强不息的事业心,要给自己一股内在的压力,兢兢业业,为国为己,把自己有限的生命,投入到为社会、为人民创造福祉的事业中,才是一个标准的企业家风范。

现代的企业界,已经有自省的意识,无论是"执行力"或是"学习力"各方面,皆能不离"专业"与"敬业"的观念及态度,也大多明白唯有健全"职业"道德,才能完成"事业"理想。

领导的四要

做人有时候要被人领导,被人领导也要有被人领导的条件,比方说勤劳、对人和谐、尊重、服从。相对的,一位好的领导者也要有条件,若不具备领导者的条件,是无法领导别人的。领导者的条件是什么呢?有以下四点意见:

第一,要为大众谋求福利

要想做一位好的领导者,若只是为了自己的私利在计较、讲究、贪财,此等人是不够资格做一个领导人的。能把大众所希望的,看作是自己的希望;把大众所要求的,看成自己的所需;照顾大众的福利,把大众的福利,看得比自己的利益更重要,才是领导的第一要。

第二,要为大众减轻负担

对待自己的部下,不能过于机械化,给予过分的负担。你分分秒秒地工作,做事做事,吃苦吃苦,久了,容易心生厌倦,就算再坚强的军队,久战之兵也会疲乏。因此,领导人要尊重人性,顺乎人情,体谅大众也需要休息,休息之后,才会有更大的力量去精进。

第三,要为大众计划未来

人是活在希望里,希望会给人无比的力量。带一个团体,要让团体里的人有希望、有前途的感受。一位领导,其所跟随的部下,若常觉得前途渺茫,没有希望,他怎会在工作上积极、努力?领导者若只计划自己的未来,没有替大众计划未来,没有奖励,没有安排大众进修,没有鼓励大众学习,没有给大众提升境界,这是很失败的领导。因此,能为大众的未来设想,多给人机会,必定是一位优秀的领导者。

第四,要为大众担当责任

领导者最大的问题就是不敢担当责任,全交给部下,他虽表面上承担,心里却充塞着不服气。三国时,魏国将军王旭、陈泰先后兵败,大将军司马懿却自己将责任承担下来,自认过错。习凿齿在《汉晋春秋》里评论:"司马大将军引二败以为己过,过销而业昌,可谓智矣。"大众忘了司马懿的失败,反而想到如何戮力报答。身为领导者,部下有所失误、缺陷,能替他担当,必定心怀感激,往后若领导让他做任何事情,都会尽忠尽义。

老子说:"夫唯不私,故能成其私。"不想从别人身上取得东西,才是真正的大取。身为一位领导者,能够时时心系大众,要有"为大众"的性格,如此才会使大众心悦诚服,尽忠职守。

领导者四事

领导者,他要德能兼备,属下才会服气;被领导者,也要有才学,领导者才能对你欣赏提拔。到底怎么样做一个领导人?佛教里有一部《法句经》,里头告诉我们,做一个领导人要注意以下四点:

第一,统理万民,毋枉毋滥

统理大众的时候,身为领导者,"毋纵"是他的职责,不可以有虚浮不实的地方,但也必须基于"毋枉"的立场,谨慎查证,不可冤枉滥罚。另外,所谓"将不可吝,吝则赏不行,赏不行则士不致命,士不致命则军无功",应该赏予的福利,就应该给予,如此才能激励上下士气。

第二,常思善法,恒做功德

佛说:"心净则国土净",做一名领导人,每天所思,都以大局百姓为前题,每日所想,都是好事善法,就能带领大众追求幸福美好。例如如何不断给人欢喜,谋求大家的福利,让大家信任,让人民依靠。让自己有机会服务他人,做利益众人之事,所有的行为表现出来的,都是功德。

第三，重用贤能，接受谏言

观察一个人，要如同孔子所说："视其所以，观其所由，察其所安。"能不能做好一个领导人，也要看他能不能时常听取他人的善意谏言。能有一颗敏锐的心，去聆听很多的声音、不同的建议，尤其听得进忠心贤能者的意见看法，并且修正，可以说是身为领导者的重要条件。

第四，财富欲乐，与民共享

一个领导人，他的待遇等各方面都会比人好一点，也会受到别人的尊重。因此，该与人共享时，就要放开胸怀，与人共享，而不是凡事都要据为己有。抱着共享、共有的雅量行事，才是一个有承担、有情义、受得起、给得起的领导者，那必定受到拥戴。

做一个领导人，也不一定专指国家领导人，乃至一个企业团体、一个机关团队、公司行号，哪怕是一个家庭，都可以注意这四事，他就能获得人心，成为一名优秀的领导者。

毕业四是

每年学校都会有固定的学年行事,举凡开学、活动、放假、毕业,对于毕业生而言,毕业不是学习的结束,而是学习的开始,所以,有"毕业四是"的建议:

第一,不是自我完成,而是进取目标

人生要不断地学习,才能激发动力;要积极进取,才能开创美好的前途。所谓"生也有涯,知也无涯",在学校里所学还是很有限,好比考试成绩优良,未必懂得如何在生活中运用;技能出众,未必懂得做人处事的三昧。因此毕业以后,更要立定目标,进取不懈,比方设定目标要把人做好,要把事情做好,甚至要尽到身而为人的责任。

第二,不是所学皆办,而是扩大实践

有的人以为毕业了,一切就都完成了,所做皆办了,其实不是,应该记住:在学习的阶段中,还没厘清的道理,要主动再去求知;还没达成的目标,要努力再去进行。过去的学习是"知",现在的学习是"行",所谓"知行合一",才是通盘的学习。

第三,不是平凡受者,而是富有感恩

过去因为知识的不足,所以我们要接受教育,仰赖父母的指正、老师的教导、朋友的提携。现在我们毕业了，不再是一个知识上的穷人，要开始学习感恩。感谢过去来自各方的恩惠，才能成就我今日知识上的富有之身；不再只是一个接受帮助的人，所以开始懂得回馈社会、帮助大众。

第四，不是个体独立，而是融入社会

毕业不是就此脱离社会，成为"个体户"，不是"我喜好什么、我爱什么、我要什么，只要我喜欢，有什么不可以？"大众群聚的社会，凡事不能只讲究个人，要知道所有一切的成就，都是有因有缘、其来有自，要因缘具备才能发挥力量。所以人要融入社会里，跟着大家共同成长，才能有所成就。

学校的学习只是人生中的一小部分，学校的学习告一段落，并非人生的学习就此停止，生命之轮要持续转动，生命才能生生不息。

做人四不可

人人心中都要有一把尺,以衡量事物的权宜轻重。明朝哲人吕坤说:"处人不可任己意,要悉人以情。处事不可任己见,要悉事之理。"意喻凡事有所为,有所不为,行动前要善观时势,多以他人利益作优先考虑。做事如果没有习惯先深思熟虑,一意孤行,不但害己也是害他。以下提出做人处世四不可:

第一,不可任耳目之娱

五彩缤纷的花花世界,令人眼花缭乱,声色犬马固然热闹精彩,一旦深陷就难以出离。老子说"五色令人目盲;五音令人耳聋;五味令人口爽;驰骋畋猎;令人心发狂。"因此面对耳目之娱,更应该要有警觉提防的自持。

第二,不可说虚妄之言

虚妄之言很容易发生在售票口,例如为人父母者,为了省下门票钱,把就读小学的小孩说成是幼儿园;明明是大学生,却要买学童票;甚至为了老人票的年龄权限,可以和售票员大吵一番。目的只是为了一些蝇头小利,却把做人最基本的"诚实信用"踩在脚下,让膝下儿女看在眼底,如此身教,实在划不来。

第三,不可揭他人之短

清代文人阎循观云:"知人有三:知人之短,知人之长,知人短中之长,知人长中之短。"知人长处,可作为自己的榜样;知人短处,可作为自己的借镜。人无法完美无缺,即便是一个恶贯满盈的人,我们都要想办法找出他的优点,并加以宣扬。宣扬人家的短处,逼人于穷途末路,非但无丝毫利于己,更显出自己的器量狭小,何苦来哉?

第四,不可炫自己之长

人人都是第一,因人人皆有自己独特的长处与特质,无法与他人比较,他人也无法替代。有句话说:"当得意时,须寻一条退路,然后不死于安乐;当失意时,须寻一条出路,然后可以生于忧患。"人一生的遭遇有起有落,当失意时,要相信有时来运转的一天;当得意时,也莫须太过炫耀自满,才能真正得到他人心服口服的赞叹。

对人,常说"可",为人留下后路,为自己结下善缘;对己,常说"不可",一则防非止恶,再则韬光养晦。

执政者四如

现今社会很多的公务员,可以说都是当政者、执政者。公务员在行政行为里所包含的权力和道德观,都会直接影响到全民福祉乃至国家兴衰,其所负担的责任是社会大众所信托的,是社会人民的公仆;乃至民众也常会"以吏为师"。因此,当政者、执政者在心灵上应培养正确的价值观,对工作应该要有强烈的责任感与荣誉心。谨提供执政者四如贡献给大家参考:

第一,执法如秤

秤是平衡、计算物质轻重的利器,用于譬喻执政者执法的时候,应该公平允当,正直无私。如三国时代诸葛亮所言:"吾心如秤,不能为人作轻重。"引申意谓"君主犯法与庶民同罪""法律之前人人平等",绝不会因人事异地而有差别,倘若执政者徇私舞弊,必然会招致民怨。所以,公务员应勤政为民、执法如秤。

第二,守身如玉

公务员是执行国家法令、从事国家行政事务的能者,他为人民谋求福利,可说是人民的公仆;尤以每位人民代表的产生,皆是从数万人民手中神圣的一票而当选的,更可说是选民心目中的模范代表。为了不辜负选民的心意,执政应该守身如玉,操守清白,表里如一,才能堪为大众的模范。

第三,爱民如子

古人云:"为政以德,譬如北辰,居其所而众星拱之。"又说:"得人心者得天下""得民者昌"。所以,执政者要以谋取老百姓的幸福,来展现自己伟大光辉的政绩。

第四,去贿如仇

自有人类历史以来即屡见不鲜,一些从政的官员有为己徇私、贪赃枉法、买官卖官等严重失职渎职的行为。这些行为都是社会风气败坏的最大杀伤力,是导致社会纷乱的祸害。所以,公务员要去贿如仇,才能树立为民谋福的典范。

犯罪学家雷克利斯曾说过:"当具有良好的外部遏制和内部遏制能力时,就能约束人们不致产生犯罪行为;当外部遏制和内部遏制减弱甚至消失时,犯罪行为就会发生。"也就是说,一个人若有良好的自我观念,则生活在一个足以诱导其犯罪的环境中,亦能发挥绝缘作用。所以执政公务员,食民之禄,求利当求天下利,奉公守法,勤勉清廉,不为利诱,不为势劫,以建立个人清净的操守,以高尚的品德和行为影响广大群众,为民谋福。

法官四要

所谓"法官",不一定指在法院里评判执法的人,才叫作法官。平时,父母是家庭里的法官,老师是学校里的法官,大众是社会的法官。当然,法院里评断是非的法官,更是法官。不管身为哪一种法官,有以下四个要点提供参考:

第一,亲切倾听,有理能诉

有时候,儿女向父母解释,父母不听;学生向老师申诉,老师不听;当事人向社会大众说明,大众不听;法院里的被告,要向法官申诉,但有些法官态度显得厌烦,缺乏耐心,让那些初上法庭的人不敢讲话。因此,身为一个法官,必须态度和蔼,亲切倾听,让诉说者能把理由讲完,才能做公正的评判。

第二,温和发问,从容回答

即便是父母质问儿女,老师质问学生,法院里的法官质问被告,都要避免以"我是父母""我是老师""我是专家""我懂法律"这种自大傲慢的态度对待人,或者用冷峻的面孔、严格的态度,要求对方回答。有时这样的质问,不仅很难让对方愿意回答问题,甚至会引起反效果。所以,做一个法官,发问要温和,才能让对方从容回答。

第三，冷静求证，免成冤狱

再明理的父母，也有不了解儿女的时候；聪明的老师，也不免有误解学生的时候；力求公平正直的法官，更要避免冤狱的产生。因此，无论是家庭中的父母，学校内的师长，或是法院里的法官，都要客观观察、冷静求证，才能免除错误评判的发生。

第四，公平审判，大家心服

宋朝的包拯，人称"包青天"，因为他不畏权贵，执法公正。所谓"法律之前，人人平等"，做一个法官最重要的是，在真理之前，一定要公平公正。因为不公平就失去了立场，不公平便无法让人服气。无论面对任何人，法官的审判要能明决，不可以另存私心。

法，可以维护一个人的权益；法，可以维系一个团体的和谐；因此身为法官者，这四个要点，值得注意。

主管四要

有人以为,身为主管,就可以免得被人命令,受人的气。其实"主管"也不是那么好当的,他不但要有管理能力,还要广涉知识,具备种种条件,才能获得向心力。有哪些条件呢?有以下"四要":

第一,对部属要爱护

做一个主管,对部属,你要爱护他、尊重他。吴起领军,与兵士同榻而眠,同桌而食,而且嘘寒问暖,为吮脓血,官兵都肯为他赴汤蹈火,在所不辞;李广带兵,在饥乏之际,发现泉水,不待士卒尽饮,必不近水,不待士卒尽餐,必不尝食,大家都乐于为他效劳卖命,出生入死。因此,主管对部属多加爱护,他自然更加感激、感动,全心付出。

第二,对他人要尊重

做主管者,不但对部属尊重,对任何来往的人,也要给予尊重。你尊重他,他就会有工作的尊严,有奉献的诚意,有发心的喜悦,有付出的价值。所以说,受人尊重,比拿钱财还重要。有了尊重,才有感情;有了感情,才会投入。尊重,会使得上下之间,彼此欢喜,工作和谐。

第三，对行事要厚道

所谓"居心宽大，条条大道；待人刻薄，处处荆棘"。做一名主管，做人不能太刻薄，你为人刻薄，部属自然不会真心拥护，倘若你待人厚道，关心他、满足他，身体不舒服，让他放一天假；家里有急事，给他一些方便，他心中充满感激之情，工作也会更加卖力。总之，对人宽厚，多替别人着想，必定得到帮助。

第四，对生活要正常

做主管的人，当然上下班比别人自由，也不会有人管你。但是，为人主管，不要以为没有人管理，就可以随意任性。所谓"君子十目所视，十指所指"。该上班的时候，跟大家一起上班，该工作的时候，跟大家一样认真工作。衣食住行，进退有度；行立坐卧，生活正常，身教重于言教，部属自然真心向你，归心拥护你。

有谓"红花必须要有绿叶的陪衬，才能显出整体的美感；明月必须要有众星的点缀，才能表现夜色的美丽"，身为主管，也必须要有属下的拥护，才能发挥集体创造的力量，成就一番事业。

主管四不

现今是一个讲求管理的时代：有企业管理、社会管理、人事管理、政治管理，甚至知识管理等，不论是管理或者是被管理，"管理"都是必修的一门课。做一个领导人或是主管，必须具备做主管的条件。以下"主管四不"，可以作为参考：

第一，遇才不妒

作为一个主管，直接面对的就是部属。部属杰出，你应该庆幸，拥有优秀的人才，能为你所用，而不是嫉妒他的才能。甚至你要基于爱才之心，给予提拔、赞美，给予空间发挥所长。你若嫉妒他的才干，对他加以刁难，处处打压他的工作空间，他必定不会为你所用，更不会为你效命，最后，受到损害的还是自己。

所以，一个好主管应不断地提拔人才，给他足够的挥洒空间，努力开发他的潜能。好的人才能为你所用，又能增加自己的工作效益，如此才能创造一个双赢的局面。

第二，有过不避

身为主管者，除了知人善用外，不可推诿过失。如果将工作上的疏失推给部下，这样的主管不会受到部下拥护，当然也无法长久任职。相反的,如果属下犯了过错,应当视情况给予自新的机会,辅导他、鼓舞他走出错误的阴影,迎向光明的未来。最忠诚的部属,往往就是曾经失败,并且受到主管的宽容与教导者。

第三,当仁不让

好主管不但要有责任感,还要能见义勇为。凡是有意义、需要负责任的事情,自己应该身先士卒地承当起来,以作为部属的表率。这样,对于整体工作环境,具有提振士气的作用。而一个好的管理原则,就是要懂得"心的管理",所谓"带人要带心",只要主管能以身作则去做,部属看在眼里,自然对你产生向心力,这才是一个事半功倍的管理方法。

第四,立功不居

做一个主管,不论立下了多少功劳,一定要有一个观念,想到:"这个功劳是大家成就的,应该给大家分享"。佛光人的信条之一就是"光荣归于佛陀,成就归于大众",因为所有事情的成就,都是仰赖众缘和合而成,绝非靠一己之力所能完成。因此,成就是归于大众,而不是归于个人。主管者具有如此观念,工作团队才能和谐。

担任主管的工作,具有挑战性而又相当辛苦,不但必须具备管理能力,还要懂得心理咨商、沟通协调、人际关系的掌握等。所以,当下属的人,不可随意批评主管,主管也不应刁难属下,大家都能站在对方的角度,去关心、去理解彼此的立场,自然减少磨擦,工作效率才能提升。

主管四莫

身为主管,你的言行举动、处事态度,对于部属都有示范的作用,也都是部属依循的准则,直接影响整个团体的进步发展。有一句话说:"态度决定一切!"因此身为主管,切莫拘泥于自身的观念思想,应以大局为标准,才是该有的态度。以下四点,提供作为领导哲学的参考:

第一,事烦莫惧

身为主管,事情难免烦多忙碌,有能干的主管,懂得在琐碎繁重的事情当中,将之单纯化。反之,做事没有条理,不懂得化繁就简,就像无头苍蝇,瞎忙一通,不但达不到功效,反而因事烦而生惧。事烦莫惧,惧不能宁,唯有懂得将繁琐的事物简单化,越容易取得成功。

第二,因果莫负

既为主管,说话或行事理当明因识果。你若因果不明,做事则会毫无原则,因为一切都在因果循环中。你看,周幽王为得褒姒一笑,以烽火戏诸侯,招致西周王朝结束;你看,吴三桂因一怒为红颜而引清兵入关,致使明朝江山易主,而得千古骂名。古训"平生莫做皱眉事,世上应无切齿人"。要令部属不切齿于你,你的所做所为都应莫负于因果。一切言行能够遵循因果原则,自可以事理一如。

第三,是非莫辩

人际相处,免不了是非争论,被人错怪、误解,一般人总惯于百般辩解,以求清白。其实"好花不怕人谈讲,经风经雨分外香;大风吹倒梧桐树,自有旁人论短长"。是非自有公论,不必急于争一时的公道,清白自在人心。为人主管必须身先士卒,带头模范,要能"不诽谤他人,亦不观是非;但自观身行,谛观正不正"。如此,自可改非为真,带动团体的和谐氛围。

第四,操守莫亏

不论古今中外、时空移转,为人主管者,最需要具备的就是清廉自持、端正操守的条件。《晋书》记:"大丈夫行为,当磊磊落落,如日月皎然"。身为主管,能够扪心自问而无所愧怍,而不亏于操守,自然会产生无比的勇气,事情才能顺利成功。反之,自己行为不全,不知自爱,毫无诚信,决策常常左右摇摆,有私心、弊端,部属如何对你产生信心?因此,只要你心地坦荡、清廉自持,莫亏于操守,自能无所畏惧,且获得部属的信任,必定能上下一条心。

主管难为,非也!只要你的观念思想、处事态度莫惧、莫负、莫辩、莫亏,自有一股动力推你走向进步。

读书四法

读书,不一定是学校的学生才要读,在社会上工作的人,乃至家庭主妇,无论男女老幼、各行各业的人都要读书。读书,才能增加知识学问,才能突破工作障碍,才能扩展自己、升华自己。所以一个人的进步,要不断地读书求知,心境才能不断地成长。谈到读书的方法,有四点意见:

第一,眼明,则巧于摄受

在现今信息如洪流的时代,如何用最短的时间获得最多的资料快速阅读。所谓"一目十行",意思就是读书的时候,要眼明心快,心思集中。有人看报纸,一叠厚厚的内容,翻阅之后,便能迅速地抓出重点,了解大意,这就是善用眼睛,巧于摄受。

第二,手快,则易于剪裁

会读书的人,看到好句子、好道理,就懂得赶快记录在笔记本里,因为这样,才容易理解记忆。能把书本、报刊、杂志上的好词句、内容剪辑下来,并且归纳、分类、组织,借此吸取他人宝贵的体验,就能成为自己的智慧;如同训练的精兵,必要的时候,随时都可以为你所用。

第三，心细，则精于分明

有位作家说："学问之事，功夫要精密，解悟要透彻。"读书的人，除了眼睛要快，琅琅上口，假如不加以用心，所谓"视而不见，听而不闻"，对学问的增进，也是没有帮助，就像"贫人数他宝，自无半毫分"，实在可惜。因此，读书要用心、细心，才能瞻前顾后。所读的好书，经过你的眼睛，透过你的思想，经过你的口诵，才能念念分明，记忆清楚。

第四，胆大，则决于去留

读书求知识，也要能胆大心细，懂得取舍。每天有太多的资讯要看，许多的书籍要读，如果没有大胆作一个取舍，什么东西应该要记住？什么东西可以舍去，读书就会成为犹豫不决的难题。哲学家培根说："有的书只需浅尝，有的书需要狼吞，少数书则要细嚼，才能消化。"所以，读书，要大胆地决定去留，才能采得智慧。

读书要以融通为主，方法和技巧为辅；读书要以勤、熟为功效，再以用心、下手为实际，这"读书四法"，可以作为参考。

沟通四要

科学家不断研发汽车、空调、冰箱、电视机等用品,可以说今日是一个科学昌明、物质发达的时代。相较于增进人生享受的创造发明外,也有很多的学者、知识分子,提出比物质更重要、对大众更有益的主张,如交流、沟通等,这在人际关系上是很重要的。人与人有了交流、有了沟通,才能相互了解,促进感情,彼此才能和谐相处。因此沟通有以下四个要点:

第一,要放下成见

人际间的沟通,不可以用个人的成见来对谈。你有了设限、有了成见,就难以协调了。等于杯子装满了水,其他的水,自然倒不进去;也好比路上的栅栏,有了阻碍,往来就难以通畅。因此,与人沟通前,要能先放下成见,没有设限,让彼此间都能感受对方的诚意,双方就容易达成共识了。

第二,要专注聆听

如何有效地与人沟通呢?很多人,看起来是沟通,却只是口沫横飞地发表己意,别人一点开口的机会都没有,也不顾对方的感受与困难,如此哪里是沟通呢?沟通时,要注意聆听别人的意见,多听他说的道理、重点、需要在哪里？能够善听、谛听,听得出对方真正的意思,才达到沟通的效果。

第三,要双向交流

所谓沟通,并不是皇帝下圣旨,也不是长官下命令,更不是各抒己见,各自表述。沟通是要彼此交换意见,开诚布公地把自己的思想、观点、需要,传达给对方,这才是双向交流。如果沟通不良,相互叫嚣、批评、指责,弄得疑云密布,彼此我执、法执,不愿放下各自的利益,不肯相互退让,那自然只有不欢而散了。

第四,要皆大欢喜

沟通最重要的目的,是要双方获益、皆大欢喜。如果只是一方欢喜,另一方不欢喜,这就失去了沟通的意义。沟通也不是要征服对方,让对方屈服于自己的意见,而是彼此满意,利益均沾,创造所谓双赢的结果,进而相互合作、互相融合,这才是最佳的沟通。

有时候,人跟人之间争端的起因,只是欠缺良好的沟通,却付出惨痛的代价。因此,沟通不仅是语言的表达,能够正视彼此真正的需要与落差,诚心往来,解决问题,这也是慈悲、宽厚、仁义、善意、利他的表现。